JN441495

중국문화 · 11

中國繪畫藝術

회화예술

The Art of Chinese Painting by Lin Ci

회화예술

린츠 지음
배연희 옮김

대가

차례

채도호. 높이 22cm

서문

성현(聖賢)의 영향

황하는 중국 문화의 요람이다. 황하의 비옥한 토양을 따라 부족이 정착하고 씨족이 형성되었으며 문명이 발전되고 예술이 나타났다. 중국 회화는 선사 시대까지 거슬러 올라가는데, 초기 회화는 황화 유역의 문명지에서 발굴된 토기에서 발견된다. 예를 들어 앙소 문화(仰韶文化)는 대략 B.C. 5000년에서 B.C. 3000년에, 황하 중류를 중심으로 남으로는 호북(湖北)까지, 북으로는 내몽고(內蒙古)에 이르는 지역에서 비교적 강성했던 문화이다. 이 시기는 모계 사회에서 부계 사회로 넘어가는 과도기 사회로, 경작과 농업이 광범위하게 이루어졌고, 그들만의 독특한 문양이 그려진 토기가 이 지역에서 출토되었다. B.C. 3000년에서 B.C. 2000년 황하 상류를 중심으로 발달된 신석기 시대 말기 문화인 마가요 문화(馬家窯文化)는 채색 토기 예술이 정점을 이루었다. B.C. 2300년에서 B.C. 500년에 출현한 대문구 문화(大汶口文化)는 신석기 후기의 전형적인 사회로 이들 유적지에서 많은 채도와 대량의 도자기가 출토되었다. 도자기에는 다른 도안의 채색 화면과 문양이 그려졌는데, 사람, 곤충, 물고기, 조수, 화초 및 자연 만물이 나열된 기하학적 문양이 채색되어 그려져

B.C. 13세기~B.C. 11세기의 상대(商代) 말기 부정유(父丁卣). 높이 35.5cm, 둘레 26.6cm(상해(上海) 박물관 소장)

5000년 전 마가요 문화 채도관(彩陶罐)

있다. 그래서 이 시기 문화를 '채도 문화(彩陶文化)'라고 한다.

채도 문화는 이후 청동기 문명 발전의 바탕을 마련했고 앞으로 탄생할 중국 고대 회화의 중요한 매체인 자기 탄생을 예견한 점에서 큰 성과를 이루었다고 할 수 있다. 이 당시 채도에 그림을 그린 사람은 일반적으로 농경 생활에 적응하기 시작한 부녀자였고, 청동기나 자기의 문양은 장인이 그렸지만 모두 작자 미상이다. 중국 봉건 시대에 화공이라는 직업이 비천한 계급으로 기술이 뛰어나도 황제에 고용되어 어전용 화가가 될 뿐, 화공으로서 역사에 이름을 남기는 것은 무척 어려운 일이었기 때문이다. 중국 회화는 화가의 신분에 따라 화공이 그린 회화와 문인이 그린 회화, 두 가지로 분류된다.

'배우고 여력이 있으면 벼슬을 하는' 공자(孔子)[1] 시대부터 계산해 보더라도 중국의 지식층은 적어도 2000여 년 전에 출현하였다. 그들은 봉건 사회 관료의 주체인 동시에 봉건 사회 문화를 전달하는 주체였다. 통칭 '문인'이라 불리는 이들은 자신들의 문화 수양을 매우 중시했고, 시와 부, 회화는 문인들이 가지는 문화 수양의 일부분이었다. 일찍이 공자는 문인에게 있어서 회화가 가지는 의미를 다음과 같이 언급하였다. "도(道)에 뜻을 두고, 덕(德)에 의거하며, 인(仁)에 의지하고 예(藝)에 노닌다." 여기서 '도'는 진리이고, '덕, 인, 예'는 그것의 일부분이다. 도는 덕, 인, 예를 통해 실현되기 때문에 이 셋은 서로 불가분의 관계를 지닌다. '예'에서의 예술은 공자가 말한 '선비는 도에 뜻을 두고 기예는 도에 가까운' 의미이다. 즉 예술에 내재되어 있는 구체적인 기예와 추상적인 도 사이에는 일종의 유사성이 있는 것이다. 이런 까닭에 '예에 노닌다'라는 의미가 예술 정신 수양과 학술 생활의 여가 활동의 의미가 아니라, 설사 예술에 감정을 표현하고 성품을 기르는 기능이 있다 하더라도, 더욱 중요한 것은 '도'를 인식하는 방법 중의 하나로 보는 점이다.

문인은 봉건 사회의 담론을 좌지우지하는 계층으로, 그들은 자신의 생각과 사상을 글로 쓰고 주장하며 자신이 생각한 사상, 지혜와 감정을 반복해서 나타내고, 기법의 우열을 토론하여 실제적으로 회화 비평의 기준을 통제하였다. 그러나 이것은 부차적인 것으로, 문인들은 화론 발표를 더욱 중요시하였다. 문인에게 예술은 도를 추구하는 수단이었고, 화론은 바로 도에 대한 해석이었기 때문이다. 화론에는 '형(形)', '신(神)'의 개념이 주로 사용되었으며 '사생(寫生)'은 사물에 의거하여 모사한 것에 불과하고, '사진(寫眞)'은 사물의 외형을 묘사한 것이어서 사생과 사진에서 다시 전신(傳神)*을 구해야 한다고 주장하였다. 모든 중국 회화의 대가들은 그림을 통해 진리를 깨닫는다고 생각하였으며 그림으로 미의 본질을 드러내고자 하였다. 이에 문인은 그림을 그리는 데 있어서 실제 형상이 아닌 정신을 구하고자 노력하였다. 따라서 존경받는 화가는 그림에 대한 통제 능력뿐 아니라 그림을 통해 자신이 철학자임을 증명하고자 하였다. 송(宋)[2] 대 이후 문인 화가는 아름다운 서법에 더욱 열중하

* **傳神**: 초상화에서 그려진 사람의 얼과 마음을 느끼도록 그리는 일

부정유(부분)

여, 시문 형식으로 자신들의 고상한 정감과 뛰어난 견해를 그림 위에 적어 문자로는 뜻을, 그림으로는 정신을 전함으로써 사실 묘사의 기능을 넘어서게 된다. 중국 현대의 유명한 화가 황빈홍(黃賓虹)[3]이 '글과 그림의 원천은 같지만 필법을 더욱 중시하였다'라고 한 것도 이러한 맥락에서다. 한편 서법 예술의 각종 표현 기교는 문인 화가에 의해 회화 예술 창작에 응용되어 중국 회화 기법의 기초를 세웠다.

그림을 직업으로 하는 화공 및 '화사(畵師)*'는 예술적 기교가 아무리 뛰어나더라도 정신적으로는 타인의 지배를 받기 때문에 자유롭지 못했다. 그들은 의뢰인의 뜻에 맞추는 데 공을 들였기 때문에 일반적으로 세속적이거나 종교적인 그림, 산수, 인물, 꽃, 새, 물고기나 곤충 등의 장식을 위한 그림을 주로 그렸다. 이에 반해 사회적 지위가 높았던 문인 화가는 그림을 학술 활동 혹은 취미, 소일거리로 생각하여 화공에 비해 더욱 자유롭게 표현할 수 있었다. 문인에

* **畵師**: 그림을 직업으로 하는 사람

게 있어서 회화의 목적은 현실 세계를 모방하는 것이 아니라 가슴에 품은 뜻을 드러내기 위한 것으로, 마음이 자연에 우선하여 존재하였다. 이들에게 그림 속 '산수'는 자연 풍경을 기계적으로 재현한 것이 아니라 정신과 자연이 결합된 통일체였다. 이러한 회화를 그렸던 사람들은 일반적으로 학식이 뛰어난 사람들이었다.

사실상 후세 문인은 모두 선현 사상을 추종하고 거기서 도를 깨닫고 해석하고 실천하는 사람들이었다. 『논어』에 나오는 '어진 자는 산을 좋아하고 지혜로운 자는 물을 좋아한다'는 공자의 말은 이후 후세 유학가들의 반복된 해석을 거쳐 도덕과 개성을 자연 경물과 연결시키는 심미 경향과 연결되었고, 문인의 처세를 결정짓는 말이 되었다. 즉 중국 봉건 사회의 문인은 주동적으로 사회 정치 활동에 참여하거나 강호에 은거하기도 하였는데, 이 모두 도덕적인 평가를 받았다. 이것이 회화에 대해 직접적으로 언급한 것은 아니지만, 후세 회화 미학에 많은 영향을 끼쳤다.

노자(老子)[4]의 『도덕경(道德經)』은 철학서이지만, 예술 창작의 정련 과정을 지도할 수 있는 화론으로도 볼 수 있다. 철학이든, 화론

B.C. 11세기의 서주(西周) 초기 와신수문궤(蝸身獸紋簋). 높이 14.7cm, 입구 지름 18.4cm(상해 박물관 소장)

이는 모두 '도'를 서술의 중심 화제로 삼고 있기 때문이다. 이 중 '큰 소리는 소리가 적다(大聲希聲)', '큰 형상은 형체가 없다(大象無形)', '큰 기교는 마치 서툰 듯하다(大巧若拙)' 등의 문구는 예술 창작에 커다란 영향을 끼친 개념이다.

이외에 고대 성현 중 중국 화가의 '정신적인 스승'으로 불리는 장자(莊子)[5]가 있다. 장자는 진정한 화가는 예의범절에 얽매이는 화가들과 다르게 자유롭게 자신의 성정을 마음껏 발휘해야 한다고 했다. 이러한 생각은 그의 글에서 자주 드러난다. '천지는 위대한 아름다움을 가지고 있다(天地有大美, 『지북유(知北遊)』)', '자연에 따른다(順任自然)', '허정(虛靜)*', '응신(凝神)**'은 모두 그가 제기한 예술 창작 심리이다. 또한 '옷을 벗고 다리를 뻗은 채 앉는다(解衣盤礴***, 『외편(外篇) · 전자문(田子文)』)'와 관련하여 다음과 같은 이야기가 전한다. 전국(戰國)[6] 시기 송나라 군주는 화가들을 자신의 궁전에 초대해 그림을 그리게 하였다. 초대받은 대부분의 화가들은 군주의 과분한 환대에 기쁘면서도 불안감을 느껴 좌불안석이었다. 그런데 화가 한 명이 지각을 했을 뿐 아니라 공식적인 행사가 끝나자마자 바로 자신의 숙소로 돌아갔다. 송나라 군주가 사람을 보내 가서 보니, 그 화가는 옷을 다 벗고 나체로 다리를 뻗은 채 앉아있었다고 한다. 송나라 군주는 이 말을 전해 듣고는 "그래, 이 사람이야말로 진정한 화가다!"라고 하였다.

도가는 소박한 아름다움을 추종하고 다듬거나 화려함을 반대하였다. 노자는 '오색은 사람의 눈을 멀게 한다', '흰 것을 알고 검은 것을 지키면 천하의 모범이 될 수 있다'라고 하였고, 장자도 이와 비슷한 주장을 하였다. 그는 '오색은 사람의 눈을 어지럽힌다. 따라서 흰 것은 잡된 것과 함께 어울리지 않는다'라고 하였다. 또한 '소박한 아름다움과 대적할 수 있는 아름다움은 아무것도 없다'라고

* **虛靜**: 마음이 비어지고 고요한 상태

** **凝神**: 정신을 모음

*** **解衣盤礴**: 세속적인 예법에 구애되지 않는 예술가의 태도를 가리킨다.

강조하였다. 노자, 장자는 '오색'을 제거하고 소박함과 '옷을 벗고 다리를 뻗은 채 앉아 있는' 사상을 제창하였는데, 이러한 사상은 중국 회화의 최고 경지로 대표되는 수묵사의화에 영향을 미쳤다.

중국 화가의 세계관

1839년 사진 기술의 발명은 유럽 화가들에게 한 차례 정신적인 공황을 일으켰다. 자연을 모방하는 것을 자신들의 주요 임무로 여겼던 서양의 화가들은 기계 장치가 손쉽게 자신의 일을 완성하는 것을 보고 절망감에 빠졌다. 화가 폴 클레(Paul Klee)[7]는 예술은 사진의 발명으로 '더는 물질을 반영하지 않게 되었고 정신을 표현하였다'라고 했으며, 19세기 이후 서구 회화는 현대주의의 길로 가게 되었다. 사진은 대략 10년 후 중국에 전해졌는데 서양의 화가들과 같은 큰 충격에 빠지지는 않았다. 중국 문인들은 서구식으로 대상을 보는 그대로 재현하는 매력에 빠졌고, 당시 청대 황실의 자희 태후(慈禧太后)도 이에 대단한 호기심을 가지고 있었다. 하지만 중국 화가들은 사진과 회화를 동등하게 바라보지 않았다.

전통적인 중국 회화는 기본적으로 구상 회화이며, 중국에서 진정한 의미의 추상 회화는 생겨난 적이 없다. 중국 회화가 추상 회화와 다른 점은 자연을 바라보는 시각의 차이라고 할 수 있다. 중국화에서 구상적인 자연은 자연에 대한 단순한 투사가 아니라 자연과 화가의 마음이 결합되어 스스로 통일체, 즉 '천인합일(天人合一)'의 새로운 세계에 이르는 것이다. 중국 화가가 화폭에 실현하려고 했던 것은 대상에 대한 묘사가 아니었다. 그들은 색채, 투시, 해부, 질감, 체적, 비례 등의 문제에는 거의 관심을 두지 않았고, 천지자연에 자신의 감정을 투사하는 데 주력하였다. 그들에게 자연은 모방의

황빈홍의 〈설색산수(設色山水)〉(부분)

대상이 아니라 활용할 소재였다. 이러한 개념은 서구에서 말하는 형식, 색채 등으로 구성되는 시각적인 효과와 완전히 다른 것이다.

중국적인 회화 특색을 가장 잘 가진 '산수화'를 예로 들어보면 서구 화가와 달리 중국 고대 문인은 자연을 순수한 인지적 객체로 삼기보다, 내재적인 정신세계의 일부분으로 보았다. 영감이 충만해져 창작 욕구를 억누를 수 없게 되면 멀리 있는 산이나 흐르는 물 등을 통해 내면화된 작가의 마음을 풍부한 모습으로 나타낼 수 있다. 17세기 독일 철학가 라이프니츠(Gottfried Wihelm Leibniz)[8] 가 1697년에 출판한 『중국 근사(Novissima Sinica)』 서문에서 중국인이 자연에 대해 가지는 이러한 태도를 '자연 신학(Natűrliche Theologie)*'의 개념으로 설명하였고, 노자는 『도덕경』에서 자연을 만물을 주재하는 최고의 힘으로 묘사하였다.

"사람은 땅을 본받고, 땅은 하늘을 본받으며, 하늘은 도를 본받고, 도는 자연을 본받는다."

'사람은 땅을 본받는다'에서 '도는 자연을 본받는다'로 연결되는 중국식 논리는 화가들의 창작 활동을 생동감 있게 표현한 것이다. 화가는 산수를 묘사하면서 '도'의 정수를 표현하였다. 회화 작품은 이러한 사유의 결과일 뿐 아니라 자연에 대한 관찰과 체득에 바탕을 두고 '도'를 자연에 융화하려고 하였다. 자연은 위대하고 경외할 만한 가치가 있는 동시에 친근감이 있고 시사하는 바가 있어, 사람들은 그것을 경배하고 찬미하며, 그림으로 나타내고 이용하며 자연의 법으로 자연을 개조하려고 한다. 이는 중국 화가가 세계를 보는 방식을 결정한다. 즉 현실 세계에서 자연은 세속의 잡다한 것에 가려져 있지만, 화가는 세계를 관찰할 때 취사선택을 통해 가려지고

* **Natűrliche Theologie**: 신의 계시에 의하지 않고 인간의 이성에 의거한 신학 이론

더렵혀진 자연과 자신들의 순수한 마음을 감응시킨다. 화가의 재능 또한 자연의 역량으로, 그림을 통해 드러난 자연은 원래 가지고 있던 순수함을 회복할 뿐 아니라 세상의 기운과 정신의 따사로움을 발산시킨다.

산수화의 형성과 발전은 중국 고대 문인이 가지고 있는 '은일(隱逸)*' 사상과 불가분의 관계를 지닌다. 유가 사상의 영향을 받은 문인들은 사회 정치에 대한 책임감과 사명감을 가지고 있었다. 그들은 산수에 빠져들지 않고 산수화로 현실의 산수를 대신할 수 있다고 생각했고, 관직을 맡고 있는 문인들은 자연의 고원한 정취를 마음껏 즐기고자 하였다. 송대 화가 곽희(郭熙)[9]는 그의 명저 『임천고치(林泉高致)』에서 '군자가 자연을 사모하는 까닭은 바로 그 아름다움에 있다'라고 하였다. 그는 산수화에는 '가행(可行)**', '가망(可望)***', '가유(可游)****', '가거(可居)*****'의 경계가 있어야 하고, '그림에는 무릇 이러한 여러 경계가 있어야 묘품(妙品)******의 경지에 들어간다'라고 하였다. 그는 또한 '화가는 마땅히 이러한 뜻을 가지고 그림을 그려야 할 것이며, 감상자 또한 이러한 뜻을 살펴야 한다'라고 하였다. 중국 '산수화'는 서양의 '풍경화'와 달리 그림 속에서 그 의미를 얻을 수 있다.

고대 중국 화가는 부분적인 시각적 경관에는 관심이 적었다. 당송(唐宋) 시기 경치를 묘사한 회화는 거의 대부분 그림 한 폭에 산과 강이 그려져 있는데, 산속에는 산 정상으로 통하는 길이 있으며, 길가에는 작은 시내가 흐르고 있다. 산중턱에는 누각이 있고, 길이나 다리 위에는 행인이 있으며 강에는 배가 떠 있다. 중국인들은 회화 감상을 '그림 읽기'와 동일시하여 그림을 읽는 과정에서 상술한 내용을 자세하게 감상하면서, 그림이 심원한지, 운치가 넘치는지를 살펴보았다.

---

* **隱逸**: 세상을 피하여 숨는 것

** **可行**: 한 번 가볼 만하다.

*** **可望**: 한 번 볼 만하다.

**** **可游**: 한 번 노닐 만하다.

***** **可居**: 한 번 살 만하다.

****** **妙品**: 정밀하고 교묘한 작품이라는 뜻으로, 회화를 평가하는 기준인 삼품(三品)의 하나이다. 삼품에는 신품(神品), 묘품(妙品), 능품(能品)의 세 가지 품계가 있다.

황빈홍의 〈설색산수〉(102×39cm). 황빈홍이 중국 회화사에서 차지하는 위상은 서양 회화사에서 인상파의 위상에 버금가는 것으로, 중국 산수화의 고전 전통을 현대화하였다고 평가되고 있다.

『임천고치』에서는 산수화의 제재를 선택하는 것에 대해 다음과 같이 논술하였다. "천 리 산이라도 그 기이함을 다 갖출 수 없으며, 만 리 강이라도 어찌 그 빼어남을 모두 갖출 수 있겠는가. 만약 그것을 모두 그려낸다면, 지도와 무슨 차이가 있겠는가." 산수화에서 추출해야 하는 것은 자연의 '대상'과 '대의'이며, 이것은 분명 도가의 '큰 형상은 형체가 없다'는 사상의 표현이다. 곽희는 자연 산수를 의인화하여 다음과 같이 말하였다.

"물줄기는 산의 혈관이다. 초목은 산의 머리카락이며, 구름과 안개는 산의 표정이다. 그러므로 산은 물을 얻어 살아나고 초목을 얻어 살아나며 초목을 얻어 화려해지고 구름과 안개를 얻어 수려해진다. 물은 산의 얼굴이며 물가의 정자는 산의 눈이며, 낚시질하는 것은 산의 정신이다. 그러므로 물은 산을 얻어야 아름다워지고, 정자를 얻어야 명쾌해지며, 낚시질하는 광경이 있어야 정신이 넓게 퍼져 환해진다. 이것이 산수의 배치이다."

이처럼 자연 경물에 풍부하고 깊게 사람의 기질과 윤리 관념을 부여함으로써 화가의 세계관에 필연적인 영향을 끼쳤다. 또한 곽희는 유명한 '삼원(三遠)' 개념으로 산수화의 의경을 다음과 같이 분류하였다.

"산에는 삼원이 있는데, 산 아래에서 산마루를 쳐다보는 것을 고원(高遠)이라 하고, 산 앞에서 산 뒤를 넘겨다보는 것을 심원(深遠)이라 하며, 가까운 산에서 먼 산을 바라보는 것을 평원(平遠)이라고 한다."

고원, 심원, 평원은 모두 사람의 시선을 멀고 가까운 곳에서 먼 하늘 내지 하늘 끝으로 이끄는데, 거기에는 명확한 상징적인 의미가 들어 있다. 중국 고대 화론은 표면적으로는 예술의 토론에 관한 것이지만, 실질적으로는 오히려 중국 전통 문인이 정신적으로 독특하게 추구한 것을 반영하고 있다. 그들은 언제나 조정에 들어가 벼슬을 하거나 강호에 은거하는 삶을 선택했는데, 설령 벼슬을 하더라도 산수화를 빌어 세상에 나아가는 것에 대한 맑고 높은 뜻을 증명하였다. 산수화의 정취는 실질적으로 '원(遠)'과 연결된 것으로, 혹은 원이 바로 세상에 나아가는 사상을 상징하기도 한다. 원의 추구를 상실하고, 흔히 말하는 '풍경'으로 빠지게 되면 한계를 느끼고 정신적으로 속박되어, 내면이 세속을 벗어나 자유 경지로 나아가는 데 제한을 받게 된다.

중국 화가가 흔히 말하는 '말 한 마리가 온전히 가슴에 있다(全馬在胸)', '가슴속에 이미 다 자란 대나무가 있다(胸有成竹)', '가슴속에 언덕과 골짜기가 있다(胸有丘壑)'라는 의미가 바로 그러하다. 화가는 현실 세계의 삼라만상에 대한 전면적이고 철저하며 깊은 이해가 있어야 하고 자연 경물에 대해 마음속 깊이 알고 나서야 먹을 갈고 종이를 펴서 그림을 그릴 준비를 한다. 붓을 들었을 때 '흰 종이를 푸른 하늘 대하듯' 삼라만상 외에 자유로운 감성과 내면의 느낌을 함께 나타내야 한다. 그림의 바탕 재료를 예로 들면, 늘 보아오던 비단, 명주와 화선지는 혼돈과 무한한 우주로 볼 수 있다. 또한 화가가 깊이 생각한 대상은 마치 천지 사이를 춤추는 듯한 필묵의 움직임으로 드러난다. 필묵은 구체적인 내용을 그리는 것 외에 반드시 암시가 있어야 한다. 중국 화가는 언제나 화폭에 공백을 많이 남기며 모든 화폭을 전부 채우지 않는다. 이러한 '여백 두기'는

장대천의 〈방예운림추수청공(仿倪雲林秋水淸空)〉(182×79.5cm). 1926년 작(남경 박물관 소장)

화가가 제시하는 상상의 공간이다. 물속을 헤엄치는 물고기의 물처럼, 날아다니는 새의 하늘처럼 공백은 본질적으로 심원하고 무한하여 외경심을 가지게 하는 드넓은 우주가 되는 것이다.

1| **공자**(孔子, B.C. 551~B.C. 479): 춘추 시대의 사상가이자 교육자. 유교의 시조. 성은 공(孔)이고 이름은 구(丘), 자는 중니(仲尼). 공자의 '자(子)'는 존칭이다. 공자는 노(魯)나라 창평향(昌平鄉) 추읍(鄒邑, 지금의 산동성(山東省) 곡부(曲阜))에서 태어났다. 춘추 시대 말기, 사회가 혼란하자 공자는 이를 바로 잡기 위해 '예(禮)'로 '인(仁)'과 '덕(德)'을 실천할 것을 강조하였다. 공자는 위대한 교육자이기도 했는데, 3,000명의 제자를 길러냈고 『시경(詩經)』과 『서경(書經)』 등의 중국 고전을 정리하였다. 공자의 사상이 집약된 『논어(論語)』는 공자 사후 제자들이 공자의 언행을 기록한 책이다.

2| **송**(宋, 960~1279): 오대십국의 뒤를 잇는 중국 통일 왕조. 오대의 마지막 왕조 후주(後周)의 절도사 출신 조광윤(趙匡胤)이 세운 왕조로, 조광윤은 무인을 억압하고 문인을 중시하는 문치주의를 택하고 강한 중앙 집권 체제를 수립했다. 문화 부흥 정책으로 사회 전반이 안정되고 백성은 풍요로웠다. 하지만 1126년 북쪽에서 일어난 금(金)나라에 의해 수도 개봉(開封)을 빼앗기고 강남의 임안(臨安)으로 천도하게 되는데, 역사에서는 이후 시기를 남송이라 한다. 한편 1211년 칭키즈칸이 이끄는 몽골 제국이 금나라를 멸망시키고, 1276년 남송 정벌을 감행, 1279년 남송을 멸망시켰다.

3| **황빈홍**(黃賓虹, 1865~1955): 중국 현대 화가. 본적은 안휘성(安徽省) 흡현(歙縣)으로, 어려서부터 회화, 서법, 전각(篆刻)을 익히기 시작했고, 평생 중국의 명산대천을 두루 유람하며 그림을 그리는 한편 고금의 대작들도 수시로 열람하는 일을 쉬지 않았다. 그의 화풍은 50세 이후 점차 사실적인 묘사에 치중했고, 80세 이후에야 그만의 독특한 화풍이 만들어졌다고 평가된다. 그의 산수화는 산천의 모습이 깊고 두터우며, 대범하고 기세가 드높아 가까이에서 보면 웅혼하고 중후한 기운이 있으며, 멀리서 보면 차분히 잘 정돈되어 있어, 전체적으로 볼 때 그 정취가 깊고 그윽하다. 중국 현대 회화사에서의 위상은 제백석과 함께 '남황북제(南黃北齊, 남쪽에는 황빈홍이 있고 북쪽에는 제백석이 있다)'로 평가될 정도로 높다.

4| **노자**(老子, 약 B.C. 571~B.C. 472): 춘추 시대의 사상가. 성은 이(李), 이름은 이(耳), 자는 담(聃), 백양(伯陽). 도가(道家)의 시조로서, 상식적인 인의와 도덕에 구애되지 않고 만물의 근원인 도를 구하며 살 것을 역설하고, 무위자연을 존중하였다.

5| **장자**(莊子, 약 B.C. 369~B.C. 286): 전국 시대의 사상가. 이름은 주(周). 도가 사상의 중심인물로, 유교의 인위적인 예교(禮敎)를 부정하고 자연으로 돌아가자는 자연 철학을 제창하였다. '남화진인'이라 추호(追號)되었다. 저서로 『장자』가 있다.

6| **전국**(戰國, B.C. 475~B.C. 221): 한(韓), 위(魏), 조(趙) 3씨가 제후로 독립한 이후부터 진(秦)나라가 중국을 통일한 B.C. 221년까지의 동란기를 말한다. 이 시기 '전국칠웅(戰國七雄)'이라는 7개의 제후국이 패권을 다투어 정치적으로 불안정한 시기였지만, 역사상 맹자와 순자를 비롯한 수많은 사상가가 배출되었고 중국의 정치, 사회, 문화의 근간을 이루었다. 전국이라는 명칭은 한(漢)나라 유향(劉向)이 지은 『전국책(戰國策)』에서 유래되었다.

7 **폴 클레**(Paul Klee, 1879~1940): 스위스 태생의 독일 화가. 표현주의나 초현실주의 등의 여러 요소를 절충하여 시적인 환상과 서정성이 풍부한 추상화를 주로 그렸다.

8 **라이프니츠**(Gottfried Wilhelm Leibniz, 1646~1716): 독일의 수학자, 물리학자, 철학자, 신학자. 신학적, 목적론적 세계관과 자연 과학적, 기계적인 세계관과의 조정을 기도하여 단자론에서 '우주 질서는 신의 예정 조화 속에 있다'라는 예정 조화설을 전개하였다. 수학에서는 미적분법을 확립하여 후세에 큰 공헌을 하였다. 저서로는 『형이상학 서론』, 『단자론』 등이 있다.

9 **곽희**(郭熙, 1020~1109): 북송(北宋)의 화가. 자는 순부(淳夫). 계절에 따른 경관(景觀)의 변화, 빛과 구름의 상태 등의 묘사에 뛰어났다. 작품으로 〈계산추제도권(溪山秋霽圖卷)〉, 저서로 화론(畫論) 『임천고치(林泉高致)』 등이 있다.

제1장 • 고개지(顧愷之)에서 오도자(吳道子)로

* **廟宇**: 신위를 모신 집

** **帛畵**: 비단에 그린 그림

묘실 벽화와 백화(帛畵)

현대 역사학자 전목(錢穆)[1]은 일찍이 자신의 저서 『중국 문화사 도론(中國文化史導論)』(1994년, 상무인서관 수정본) 중에서 다음과 같은 관점을 언급하였다.

중국 예술에는 서법 외에 회화가 있다. 중국 회화는 비교적 일찍부터 시작되었지만, 진(秦)[2]대, 한(漢)[3]대의 회화는 대체로 벽화와 석화 위주로, 궁전, 묘우(廟宇)*, 능묘(陵墓)에 그려졌다. 위(魏)[4], 진(晋)[5] 시대에는 회화가 유행하여 종이와 비단에 그림을 그리는 풍조가 성행하기 시작하였다.

이러한 언급에서 알 수 있듯이, 중국 고대 회화의 최초의 형태는 귀족과 종교 활동을 위한 것이었으며, 위진 남북조(魏晋南北朝)[6] 시대를 거쳐 수(隋)[7]대, 당(唐)[8]대를 지나서야 평민화 요구를 점차 수용하기 시작하였다.

〈용봉인물도(龍鳳人物圖)〉. 1949년 호남(湖南) 장사(長沙) 진가대산(陳家大山) 묘혈(墓穴)에서 발굴된 그림으로 현존하는 가장 오래된 중국화 중 하나이다.

진대, 한대 혹은 더욱 이른 시기에 건축물에 그려진 회화는 건축물의 훼손에 따라 대부분 소실된 반면, 묘혈 속에 그려진 벽화는 쉽게 훼손되지 않았다. 수대 부장품으로 지하에 묻혔던 백화(帛畵)**가 발굴되어 미술사가에게 큰 놀라움과 기쁨을 주었다. 따라서 묘실의 발굴은 중국 초기 회화사에 중요한 의미를 가진다. 1949년 호남 장사 진가대산 묘혈에서 발굴된 〈용봉인물도(龍鳳人物圖)〉는 현존하는 가장 오래된 중국화 중 하나이다. 출토 지점은 전국 시대 문화가 발달한 초나라의 중심지로, 창작 연대는 대략 B.C. 475년에서 B.C.

221년으로 추정된다. 그림의 재료는 고대 '백(帛)'이라고 칭해지던 직물이기 때문에 후인에 의해 '백화'로 칭해졌다.

〈용봉인물도〉의 발견과 그 묘사된 내용을 보면, 당시 회화의 중요한 기능이었던 수장품이었을 뿐, 회화 예술로서 자각되지는 못했던 것으로 보인다. 백화와 함께 묘실에서 흔히 볼 수 있는 수장품 중 하나인 도용(陶俑)*도 무술 도구였던 것 같다. 〈용봉인물도〉의 그림 내용에 대해서는 두 가지 해석이 가능하다. 첫째, 그림 속의 '인물'은 '무녀'이고, 죽은 자를 위해 기도하고 있다는 해석이다. 둘째, 그림 속의 부녀자는 죽은 자, 즉 묘의 주인이라는 해석이다. 왜냐하면 여성 형상 위에 용과 봉황이 있는데, 이들 형상은 고대인들에게 상서로운 의미를 가지는 환상 속의 동물이기 때문이다. 용과 봉황은 '하늘로 올라가는 것'을 인도하는 동물로, 이는 기독교 회화 속의 천사가 죽은 자의 영혼을 천국으로 이끄는 것과 같은 역할을 한다.

미술사계에서 흥미롭게 여기는 또 다른 백화로 장사 마왕퇴(馬王堆) 한묘(漢墓)에서 출토된 것이 있다. 이 백화는 B.C. 165년에 그려진 것으로 T자 형태이다. 그 형상이 상의와 같지만 입을 수는 없기 때문에 고고학자들은 이것을 옷이 아니라는 의미에서 '비의(非衣)'라고 칭하였다. 이 그림은 '영혼의 승천'을 주제로 한 것으로, 위에서 아래로, 천상, 세상, 지하 세계를 묘사하였고 현실과 환상이 함께 섞여 있다. 그림의 중간에는 인간 세상에서의 묘주가 그려져 있다. 고증에 따르면 '이창(利倉)'이라고 하는 귀족 부녀자가 생전에 살았던 생활이 단편적으로 그려진 것이라 한다. 그녀는 화려한 비단옷을 걸치고 있으며, 체형과 지팡이를 짚은 모습을 미루어 볼 때 상당히 나이가 든 것으로 추정된다. 앞에는 하인이 무릎을 꿇고 맞이하고 있으며, 시녀가 뒤따르고 있고 그녀는 대청에서 느린 걸음으로 걸어간다. 이 부분의 아래쪽에는 주인이 참석하지 않은 연회가 그려져 있다. 식탁 위에는 각종 산해진미와 정(鼎)**, 호(壺)⁑*, 방(鈁)⁑* 등과 같은 귀족 신분을 나타

* **陶俑**: 순장할 때에 사람 대신 무덤 속에 함께 묻던 흙으로 만든 허수아비

** **鼎**: 발이 세 개 달린 솥

⁑* **壺**: 술을 담는 항아리

⁑⁑ **鈁**: 고대에 술을 담던 네모난 청동 그릇

내는 그릇과 층층이 쌓인 이배(耳杯)* 등의 술잔이 함께 놓여 있다. 연회에 참석한 사람들은 음식을 먹지 않고 두 손을 모으고 예를 다하는 태도로 주인의 빈자리를 되새기고 죽은 자와의 이별을 상징하며 죽은 자의 영혼이 조속히 하늘로 올라가길 빌고 있다. 한대인들은 사람이 죽으면 영혼이 승화되어 신선이 된다고 생각하였다. 그림의 천상세계 부분에는 해, 달, 별들이 그려져 있는데 해 속에는 금까마귀, 달 속에는 두꺼비, 옥토끼, 그리고 달빛에 목욕하는 부상수(扶桑樹)**, 우

* **耳杯**: 좌우에 귀와 같은 손잡이가 달린 타원형의 잔

** **扶桑樹**: 동방의 해 뜨는 곳에 있다고 하는 거대한 뽕나무

장사 마왕퇴 한묘에서 출토된 비의

주를 활개 치고 다니는 응룡(應龍)*을 형상화하였다. 달 아래 여성은 분명 인간 세상을 떠난 묘주로 보이는데, 젊고 활력이 넘치는 모습으로 돌아와 있다. 힘차게 나는 용을 타고 하늘의 정원을 비상하는 그림은 낭만적 상상 속에서나 가능한 일이다. 이로써 한대인들은 자연 우주와 위에서 언급한 동물 사이에 특별한 연관을 짓고 용과 봉황과 같은 상징물을 창조해냈다. 이렇게 화려한 한대 백화는 우리가 〈용봉인물도〉에서 알고 있는 전국 시기 회화 전통을 계승한 것이다.

백화 속 묘실 주인의 초상은 부장물(副葬物)로, 특히 장례식 때 비의에 중요하게 사용되었다. 이러한 종류의 초상은 얼굴에서 몸까지 모두 측면이 그려져 있는데, 아마도 고대 화가는 측면 그림이 사람의 특징을 더 잘 표현해낼 수 있다고 본 것으로 추정된다. 한대 회화는 전국 시대 백화에 비해 복잡한데, 후자가 추구한 것은 기본적으로 단순한 상징적인 그림이고, 전자는 이러한 상징적인 의도와 함께 천상, 세상, 지하 세계를 구체적으로 묘사하려고 하였다. 비의의 특수한 형식을 이용하여, 한대 화가는 천상, 세상, 지하를 상중하로 배치하여 종적 구도 속에 그와 유사한 '인간 세상'의 상하 관계를 집어넣었다. 과거는 아래에, 미래는 위에 있고, 위에서 아래로, 혹 아래에서 위를 올려다본다. 한대 백화는 기법상 분명히 발전이 있었는데, 화가들은 먹선으로 윤곽을 그리고, 색칠을 하거나 염색하였다. 특히 그 색채를 운용하는 면에서 주사(朱砂)**, 석록(石綠)***, 석청(石靑)****, 백악(白堊)***** 등 광물질 안료를 발명하여 2000여 년간 생생한 색채감을 부여하였다.

* 應龍: 중국 신화에 나오는 날개 달린 용으로, 용 중에서도 가장 거대하고 강하다고 한다.

** 朱砂: 붉은색 광물질 안료

*** 石綠: 공작석으로 만들어진 청록색 안료

**** 石靑: 청색 광물질 안료

***** 白堊: 흰색 혹은 담황색 광물질 안료

고개지(顧愷之)의 낭만적인 두루마리 그림

한대 조정에서는 궁정 화공을 양성하였는데, 이들을 '상방 화공(尙方畵工)'이라고 칭하였다. 민간 화공은 궁궐에 들어갈 수 없었으며, 각 주(州), 각 현(縣)의 관청 묘실에서 작업하였다. 한대 황제는 밀각(密

고개지의 〈낙신부도〉(27.1×572.8cm) 두루마리(부분)(북경 고궁 박물관 소장)

閣)*을 설립하고 화가들이 모여서 그림을 그리게 하였으며, 그림으로 왕조의 공덕을 구가하도록 하였다. 이러한 전통은 중국 마지막 봉건 왕조, 청대까지 유지되었다. 한대 황제는 후궁이 많지만 모두 볼 수 없었기 때문에, 화공이 궁녀들의 초상화를 그리면 황제는 궁녀들의 그림을 보고 궁녀를 간택하였다. 이런 까닭에 많은 궁녀들은 화공에게 뇌물을 주며 자신을 더욱 아름답게 그리도록 주문하였다. 민간 전설로 널리 알려진 고사로, 한대 유명한 궁정 화가 모연수(毛延壽)가 중국 역사상 가장 아름다운 미녀 중 하나인 궁녀 왕소군(王昭君)을 만난

* 密閣: 한나라 시대 무제가 서화를 소장하기 위해 설립한 곳

일화가 있다. 왕소군은 모연수가 뇌물을 주지 않자, 그녀의 모습을 형편없이 그렸다. 그러자 황제는 그녀를 간택하지 않았을 뿐 아니라 흉노족의 선우에게 화친을 청하기 위한 선물로 선사하려고 하였다. 왕소군이 떠날 때서야 황제는 그녀의 미모가 궁중 최고라는 사실을 알게 되어 원통해하며 그 책임을 묻자, 모연수는 책임을 지고 관직을 그만두었다고 한다. 그를 처형했다고 하는 설도 있다.

이 사건에서 볼 수 있듯이, 한대 회화는 기껏해야 생계를 유지하는 직업에 불과했으며 화공의 사회적 지위는 상당히 비천하였다. 즉 궁

오대(五代) 위현(衛賢)의 〈고사도(高士圖)〉(134.5×52.5cm)(북경 고궁 박물관 소장)

정에서 상방 화공이 되면 황제의 어용 화가의 역할을 담당하였지만 신분 상승의 기회는 얻지 못하였다. 위진 남북조 시대에 이르러 사회 문화에 급격한 발전이 있었는데, 그중 두 가지 현상이 가장 주목할 만하다. 첫째, 불교와 그 예술 형식의 전래, 둘째, 문인 사대부 계층의 두드러진 활약을 들 수 있다. 위진 남북조는 중국의 혼란과 분열로 불안정한 시기였던 반면, 불교가 중국 내 신속하게 전파, 발전하여 절정기로 진입한 시기였다. 대량의 불교 석굴이 만들어지고 대규모 사원의 건립으로 회화의 기능이 크게 확대, 발전하였고 이러한 새로운 '사업'에 동원되는 화공도 많아졌다. 또한 정치의 불안정으로 당시 더욱 많은 문인들은 화를 피하여 은거하는 방식을 선택하였다. 이들은 주로 불교 교리와 청담(淸談)*, 현학(玄學)**을 합일시키고 이를 빌어 현실을 도피하여 정신의 안식처로 삼으려고 하였다. 전례 없는 사상의 비약적인 발전기에 대규모의 문인들이 출현하였는데, 예를 들면 혜강(嵇康)[9]은 시와 그림에 능했고 음악과 바둑에 뛰어났다. 후세 '서성(書聖)'이라 칭해지는 왕희지(王羲之)[10]는 그림으로 유명하였다. 이들과 함께 문인 화가로는 조불흥(曹不興), 조중달(曹仲達)[11], 대규(戴逵), 고개지(顧愷之)[12], 육탐미(陸探微)[13] 등이 있는데 이들에 대한 사료는 그다지 많이 남아있지 않다. 후인들에게 칭송되는 고개지는 당시 화단에서도 이미 높은 명예를 누렸고, 그의 그림은 동시대 및 후세 화가들에게 존경과 모방의 대상이 되어, 지금도 당대 화가의 모본을 통해 고개지 작품의 면모를 대체적으로 이해할 수 있다.

고개지는 강소(江蘇) 무석(無錫) 사람으로, 그의 사람됨은 '어리석음과 총명함이 반반이다', '해학적이다', '스스로에 대한 자긍심이 높으면서도 솔직하며 구애됨이 없다'고 하는데, 이러한 특징 모두 위진 시대의 풍모를 나타내고 있다. 그는 높은 신분의 자제였지만, 책임지는 관리직을 맡은 적이 없고 지위가 높은 사람의 문하에서 '식객' 노릇만 하였다. 초기 고개지는 화공과 같은 지위에 있는 것에 부끄러워하

* **淸談**: 위진 시대 문인들의 기풍을 잘 보여주는 것으로, 세속적인 명리를 멀리한 이야기를 일컫는다.

** **玄學**: 위진 시대 도가사상으로, 유교에 구애받지 않고 은일과 청담을 숭상한다.

* **貴妃**: 황후보다 지위가 낮은 비빈

지 않았고 정치적 야심을 좇지 않고 그림 그리는 일에서 삶의 의미를 찾았다. 20세 전후로 불교 사찰의 벽화를 맡기 시작하여 단청 고수로 이미 널리 알려졌다. 고개지 그림의 흔적은 당대, 송대의 관방 기록에 보이지만 지금 전하는 것은 네 폭의 그림으로 모두 후인들의 모작이다. 설사 모작이라고 하더라도 이 또한 중국 고대 회화를 연구하는 데 소홀히 할 수 없는 진귀한 자료이다. 현존하는 고개지 그림 중 〈여사잠도(女史箴圖)〉와 〈낙신부도(落神賦圖)〉가 가장 유명하다.

〈여사잠도〉는 고개지가 서진(西晉) 시대 문인 장화(張華)[14]가 지은 '여사잠(女史箴)'에 근거하여 창작한 것으로, 유가 윤리 사상을 표방하고 있다. 서진 혜제(惠帝)[15]의 가후(賈后) 남풍(南風)이 언행을 단속하지 못하는 행위를 지적하며, 신분이 높은 귀족 부녀자들이 지녀야 할 '부덕(婦德)' 준수를 권고하기 위해 지은 것이다. 고개지는 '여사잠'의 이야기를 참조하면서 황제, 황후, 귀비(貴妃)* 등 인물의 묘사에 서사적인 장면과 무대를 제공하였다. 당대 모작 〈여사잠도〉는 현재 아홉 단락이 남아있는데, 매 단락마다 '여사잠' 원문이 쓰여 있다. 회화 기법은 질박하고 필묵은 수려하여, 시적인 언어로 이야기를 전개하여 인물의 동작과 정신을 통해 그 내면 상태와 인격을 묘사하였다. 〈여사잠도〉로 현재 전해지고 있는 모작 중 한 점은 영국 런던 대영 박물관에 소장되어 있는데 이는 당대 모작이고, 다른 한 점은 북경 고궁 박물관에 소장되어 있으며 이는 송대 모작이다.

〈낙신부도〉는 위 문제(文帝)[16]의 아들 조식(曹植)[17]의 동명 애정시 '낙신부(落神賦)'에서 제재를 취하였다. 고개지는 이 그림에서 시인의 생각을 만질 수 있는 구체적인 시각 형태로 바꾸었다. 낙수 물가에서 낙담과 절망감에 빠져있는 조식은 다가갈 수 없는 낙신을 멀리서 바라보고 있다. 맑은 바람이 불자 강물이 흘러간다. 인물의 소맷자락에서 산수로 이어지는 정경이 생동적이며 조화롭다. 꿈을 꾸듯 한 걸음 한 걸음 내딛는 낙신의 모습은 세속을 벗어난 우아한 모습이다. 이외에도 놀란 기러기가 용과 노니는 모습, 구름이 달에 비친 모습, 기이한 동물, 수레, 배, 말 등의 교통수단 등 구체적인 세부 묘사에서 상상과 현실이 결합되어 낭만적인 시정이 충만한 신선 세계를 그렸으며, 전체 그림에 무한한 슬픔과 애상이 나타나 있다.

남조(南朝) 양(梁)[19]대 화가 장승요(張僧繇)의 〈십팔숙신형도(十八宿神形圖)〉(28×491cm) 두루마리(부분). 당대 화가의 모작으로 전해진다(일본 오사카 미술관 소장).

상술한 두루마리 그림에서 알 수 있듯이, 중국 초기 회화는 묵선을 주요한 조형 수단으로 사용했고 여기에 색을 칠하는 방식을 쓰고 있다. 고개지의 회화는 전국 이래 회화의 전통을 계승한 동시에 초기 중국 회화의 형식을 총결산하였다. 당대 미술사가 장언원(張彦遠)[18]은 고개지의 그림을 평하면서, '촘촘한 것이 끝이 없고, 초월함을 반복하고, 격조가 다양하며, 필치가 번개처럼 빠르다'라고 하였다. 왕희지의 서법처럼 화가의 손을 거친 필치는 인물과 경치를 엄격한 구조와 풍부한 운율로 표현하여 형식의 완벽한 아름다움을 드러냈다. 고개지의 그림에 나타난 시녀, 산, 수렵 장면 묘사는 한대 두루마리 그림과 화상전(畵像磚)*의 표현 방법을 그대로 계승하고 있다. 이는 고개지가 예술적 자질이 부족해서라기보다 그 시기 이미 추앙받고 있던 정형화된 하나의 표현 방법으로 보인다. 하지만 이러한 표현 방법은 산과 돌, 수목의 묘사에도 쓰여, 단순한 선만으로 윤곽선을 그려 사람과 사물의 비례가 맞지 않고, 위진 시기 산수화에서도 전경이 세련되게 그려지기보다 소박하게 표현되어 있다. 중국 회화의 대가 고개지는 동시대 회화에서 우수한 요소를 총정리하였고 그의 작품도 다른 사람이 다다를 수 없는 전범이 되었으며, 후세 화가들은 다투어 그의 그림을 모방하였다. 수대, 당대에서 가장 중요한 화가 전자건(展子虔)[20], 오도자(吳道子)[21]의 그림에서도 고개지 화풍의 영향을 찾을 수 있다.

* **畵像磚**: 한대에 유행한 양각이나 음각으로 벽돌이나 돌 위에 새긴 그림을 말하는 것으로 사천(四川), 하남(河南) 지역에서 많이 출토된다.

전신론(傳神論)

중국의 회화는 한대 말기가 되어서야 지식인의 참여가 이루어졌다. 위진 시대에 이르러 문인들이 대거 회화에 종사하면서 화공의 수와 비슷해졌으며, 회화 이론도 만들었다. 고개지는 중국 회화에 대한 자각을 몸소 실현하고 자신이 처한 시대의 회화 기법을 집대성했을 뿐 아니라 가장 먼저 화론을 저술하였다. 고개지의 화론 중에서 현존하는 것으로는 『논화(論畵)』, 『위진승류화찬(魏晉勝流畵贊)』, 『화운대산기(畵雲臺山記)』가 있다. 이들 저작에서 고개지는 회화의 목적이 전신(傳神)에 있다는 이론을 제기하였는데, 그림의 우열은 전신의 유무에 따라 결정되었다. 그는 『논화』에서 다음과 같이 말하였다.

"신(神)은 다른 세계에 속한 것으로, 모든 노력을 다해야 얻어지는 것이다."

"아름다운 형태, 그림의 크기, 음양의 차이, 세밀한 필치는 모두 세상에서 소중히 여기는 것이다. 신의(神儀)*가 마음에 있으면 손은 화가의 눈을 표현할 수 있고, 표현된 것 너머로 오묘한 뜻을 감상할 수 있다."

위진 시기 청담, 현학의 기풍이 성행했지만 고개지는 사실상 소박한 예술을 추구한 화가이다. 그에게 회화의 목적은 전신으로, 이는 반드시 자연 모방을 통해서만, 즉 '사형(寫形)'을 통해서만 실현된다. 따라서 '아름다운 형태(美麗之形)', '그림의 크기(尺寸之制)', '음양의 차이(陰陽之數)', '세밀한 필치(纖妙之迹)'에 대한 집중적인 연구를 통해서만, 형(形)으로 신(神)을 그릴 수 있다. 회화를 통해 만물을 묘사하여 신운도 나타내는 것은 하늘이 상을 내리는 상과 같다. 고개지는 외모와 구체적인 모습을 말하기보다, 외모와 사람의 '높고 낮음, 귀하고 천한 형상'을 중점으로 묘사하려고 하였다. 그는 화가가 사람의 정신 상태, 기질과 풍모를 확실하게 파악하고 사람의 눈빛에 나타난 정신적인 수양을 살핌으로써, 사람의 본질을 드러내고 표현하고자 하였다. 또

* **神儀**: 외물을 통하여 나타난 정신적인 특징

한 그는 『논화』에서 '골법(骨法)', '치진포세(置陳布勢)' 등의 논점을 제시하였다. '골법'은 사람의 골격 특징으로 내재적인 정신을 드러내는 것으로, 고개지는 이를 회화 용필(用筆)의 평가에 운용하였다. '치진포세'는 회화에서 제재의 배치를 강조한 개념이다.

육조(六朝)[22]는 중국 전통 회화 미학의 기반을 만든 시기이자 회화 비평이 활발해진 시기이다. 고개지의 '전신론'은 당시 가장 유명한 회화 사상으로, 당시 활약했던 화가 사혁(謝赫)[23]의 저서 『고화품록(古畵品錄)』에서 집대성한 회화 '육법론(六法論)'에 이론적인 기초를 제공하였다. '육법'은 첫째, 인물의 정신 상태와 성격의 특징을 생동적으로 그린다(氣韻生動), 둘째, 인물의 골조가 가지고 있는 생명력을 붓으로 묘사한다(骨法用筆), 셋째, 사물에 맞게 형상을 그린다(應物象形), 넷째, 사물에 따라 색채를 부여한다(隨物賦彩), 다섯째, 그림의 구도(經營位置), 여섯째, 회화의 임모와 복제(轉移模寫)로, 그중 전신론은 그 핵심이다. 이러한 화론의 영향으로 화가들은 전신을 인물화에서 최상의 기준으로 삼았다. 산수화, 화조화에서도 전신의 기준이 제기되었다.

현존 회화 중 가장 오래된 산수화 〈유춘도(游春圖)〉

수대 회화는 이전 시대를 계승하였으며 장언원이 개괄한 대로 세밀하고 정교한 필치로 아름다운 기풍을 특징으로 한다. 중국 각지에서 북경으로 몰려든 화가들 대부분은 종교를 소재로 한 그림과 귀족생활을 주로 그렸다. 인물의 배경이었던 산수가 비례를 중시하여, '원근산천(遠近山川), 지척천리(咫尺千里)*'의 공간 효과를 비교적 잘 표현해냄으로써, 산수화가 독립적인 양식으로 발전되었다.

전자건은 북제(北齊), 북주(北周)를 거쳐 수대에 들어와 산대부(散大夫), 장내도독(帳內都督) 등의 직위를 역임하였다. 전자건의 회화는 화론사에서 묘사가 매우 세밀하고 색채가 완전하다고 평가받으며, 고개

* **咫尺千里**: 서로 멀리 떨어져 있는 산과 물이 그림에서는 짧은 거리로 표현되지만 천 리의 흥취를 가진다는 의미이다.

지의 화법을 계승하고 있다. 〈여사잠도〉와 〈낙신부도〉에서는 마치 봄누에가 실을 토하듯 세밀하게 표현된 것에서도 이를 확인할 수 있는데, 전자건의 〈유춘도〉에서는 밝고 광활한 풍경으로 진화하였다. 전자건의 시대에는 산수화가 아직 독립된 회화 양식으로 정착되지 못했던 때라 고개지와 같이 여러 회화 양식을 두루 그리는 화가였지만 자연 경물 묘사에 더욱 큰 애착을 보였다. 『선화화보(宣和畫譜)』*에서는 전자건의 산수화를 '원근의 기세를 더욱 두드러지게 표현하여 그림 속 지척 간의 거리에도 천 리의 홍취가 있다'라고 평가하면서, 그의 회화가 공간감을 잘 이용하여 자연 산수의 장엄한 아름다움을 표현했다고 설명하였다. 전자건은 이전 시대 화풍을 계승한 화가로, 위진 시대의 기법을 계승하면서 새로운 화풍을 시험하였다. 특히 그의 산수화는 당대, 송대 회화 발전에 시사성을 가지는데, 원대(元代) 서화평론가 탕(湯)[24] 은 심지어 그를 '당대 회화의 시조'로 평가하였다.

〈유춘도〉는 역대 황실과 유명한 수장가들에 의해 보존되어 온 것으로, 전자건 회화의 유일한 작품이다. 또한 중국에서 현존하는 최초의 두루마리 그림이며 세계에서 가장 오래된 진정한 의미의 산수화라고 할 수 있다. 진품에는 송 휘종 조길(趙佶)[25] 이 손수 서화에 제목을 붙인 '전자건유춘도(展子虔游春圖)'라는 글씨가 있고, 그림 왼쪽 위에는 청조 건륭(乾隆)[26] 황제의 제발(題跋)**이 있으며 역대 황실과 수장가들의 도장이 날인되어 있다. 이 그림에는 귀족들이 봄나들이하는 모습이 청록색으로 그려져 있다. 세밀하면서도 힘이 있고 색채가 화려하며 선명하다. 사람과 말은 작게 그려졌지만 세밀한 부분의 묘사도 놓치지 않았다. 이 그림에서 산수는 인물의 배경으로 머물던 것에서 벗어나 독립적으로 자신의 영역을 차지하고 있으며, 중국 초기 독립된 산수의 면모를 보여주고 있다.

〈유춘도〉는 귀족들의 봄나들이 모습을 표현한 작품이다. 봄기운 가득한 교외에 봄 햇살은 따사롭고 산은 높이 솟아있으며, 물결은 넓

* **『宣和畫譜』**: 송나라 휘종(徽宗) 시기 궁정의 소장 작품을 정리하고 감정하여 편찬한 책

** **題跋**: 제사(題辭)와 발문(跋文)

전자건의 〈유춘도〉
(43×80.5 cm) 두루마리
(북경 고궁 박물관 소장)

게 퍼지고 나무들의 기운은 다시 소생하고 상서로운 구름이 뭉게뭉게 피어난다. 제방은 구불구불 멀리 이어져 있고, 비취색 산봉우리에는 초록이 무성하며, 멀리 무지개다리, 정원의 정자가 있다. 기품 있는 선비들이 말을 부리고 산책하거나 배를 띄우기도 하고 산속, 물가 등 풍경이 수려한 곳을 노닐고 있다. 그림은 부감법(俯瞰法)* 으로 풍경을 취하여 원경(遠景), 근경(近景)을 중경(中景)으로 모으고, 각 경치를 하나의 화폭에서 어우러지게 하면서 깊이를 드러냈다. 전체적으로 커다란 대각선 구도로 청산과 언덕을 대치하여, 봄 물결이 오른쪽 아래에서 왼쪽 위로 이동하면서 움직이는 가운데, 법도가 있고 천지간에 내재된 생명력이 터져 나오듯 생기발랄한 풍경을 표현하였다. 그림 속의 연이어진 산, 나무와 돌이 모두 윤곽선과 준법(峻法)** 없이, 색으로만 표현되었으며 세심하고 변화가 풍부하게 묘사되었다. 색채 사용에서 봄산 봄나무의 청록색을 강조하기 위해 특유의 기풍을 형성하였는데, 후인들에 의해 '청록법(青綠法)'이라고 불린다. 이 화법은

* **俯瞰法**: 높은 곳에서 아래를 굽어 내려다 본 모습을 그리는 것

** **峻法**: 주로 남종화에서 사용된 선적인 주름

오대 조암(趙嵒)의 〈팔달유춘도(八達游春圖)〉(161×103cm) 두루마리(대북 고궁박물관 소장)

금빛과 푸른빛이 어우러져 휘황찬란한 효과를 보여주기 때문에 후세에 '금벽산수(金碧山水)'라고도 칭해진다.

대부분의 미술사가들은 〈유춘도〉의 출현으로 중국 산수화가 '사람이 산보다 크고 강물은 넓게 흐르지 않는' 유치한 단계에서 벗어났다고 평가한다. 한대에서 고개지 시기까지 자연 경물을 주로 상징적으로 표현했는데, 진자전의 그림 속에서 자연의 질서를 회복하려는 시도를 엿볼 수 있다. 봄의 아름다운 풍경에 감탄을 금치 못할 때, 화가는 사람들이 객관적인 환경 속에 놓인 위치와 비례를 의식하였다. 색채 방면에서는 여전히 대량의 광물질을 사용하였지만, 한대 백화와 비교해 볼 때 화가들이 색채에 주력하였음을 분명히 알 수 있다. 먼 산에 드리워진 흰 구름을 처리할 때 전통적인 상징적인 수법을 썼지만, 전체적으로 상징적인 평도법(平塗法)*을 적게 사용하고 색을 부여하는 기법을 많이 사용하였다. 또한 구도의 원근 관계를 배합하여 화면을 더욱 자연의 실체에 가깝게, 맑고 고우면서도 몽환적인 경치로 그렸다.

현존하는 가장 오래된, 자연을 묘사한 작품으로서 〈유춘도〉는 중국 산수화의 기본적인 특징을 구현하여 '가행', '가망', '가유', '가거'의 모습을 갖추고 있으며, 곽희의 『임천고치』에서 제기한 다음과 같은 구도의 법칙을 교과서처럼 증명하였다.

"물줄기는 산의 혈관이다. 초목은 산의 머리카락이며, 구름과 안개는 산의 표정이다. 그러므로 산은 물을 얻어 살아나고 초목을 얻어 살아나며 초목을 얻어 화려해지고 구름과 안개를 얻어 수려해진다. 물은 산의 얼굴이며 물가의 정자는 산의 눈이며, 낚시질하는 것은 산의 정신이다. 그러므로 물은 산을 얻어야 아름다워지고, 정자를 얻어야 명쾌해지며, 낚시질하는 광경이 있어야 정신이 넓게 펴져 환해진다. 이것이 산수의 배치이다."

사상이 소박한 초기 화가 전자건은 〈유춘도〉를 통해 실경을 그리려는 염원을 분명하게 드러냈다. 이 점은 송대, 원대 문인 화가가 강

* **平塗法**: 화면 위에 색을 고르게 칠하는 기법으로 소묘의 입체감과 공간 효과를 중시하지 않는다.

주문구(周文矩)의 〈중병회기도(重屛會棋圖)〉(40.3×70.5cm) 두루마리(북경 고궁박물관 소장)

조한 회화의 주관성, '가슴속 초탈한 정서를 자유롭게 펼친다(聊寫胸中逸氣)'에서 말하는 주관을 강조하는 것과도 분명히 구별된다. 그는 경치나 구체적인 체험에 감응하는 것을 긍정하고, 그것을 최대한 진실되게 묘사하고자 하였다. 예를 들어 온화한 미풍은 잔잔하게 일렁이는 물결을 통해 표현하고, 봄의 계절감은 대지 위의 푸른빛과 분홍색으로 물든 꽃들로 나타냈다. 전자건의 '채색 산수'는 후세 '청록 산수'와 '수묵 산수' 두 가지 표현 형태를 모두 가지고 있는데, 두 가지 특징이 모두 뚜렷하게 나타나기보다 모호하게 표현되었다. 이는 그가 실경을 그리려는 의도와 표현 수법이 아직 통일되지 못한 데서 비롯된 시대적 한계라고 할 수 있다.

염립본(閻立本) – 성세 제왕의 초상화

당대 회화는 수대 기초 위에 전면적으로 발전하여 인물화, 안마화(鞍馬畵)에서 특출한 성과를 거두었고, 청록 산수와 수묵 산수가 성숙한 단계에 이르렀으며, 화조화, 동물 묘사화도 독립된 회화 장르로 발전하여 전체적으로 이채롭고 풍성한 풍모를 보여주었다. 당대 초기에는 인물화가 가장 크게 발전하였고, 산수화는 수대의 세밀한 화풍을 이었고, 화조화 방면에서 이미 뛰어난 개별 화가가 출현하였으며 종교화의 세속화 경향이 점차 뚜렷해졌다. 전자건의 〈유춘도〉는 사람들의 눈을 즐겁게 해주었지만, 이러한 산수화는 중국 고대 문명의 전성 시기인 당대에는 아직 주류의 위치를 차지하지 못하였다. 제왕들은 역대 왕들과 마찬가지로 회화를 정치 통치와 문화 권위를 수호하는 도구로 보았으며, 궁정 화가들은 제왕들의 초상화, 역사와 종교 주제의 인물화를 그리는 데 주력하였다.

귀족 출신의 염립본(閻立本)[27]은 그중 걸출한 궁정 화가였다. 그는 인물 이야기를 그리는 데 뛰어날 뿐 아니라 탁월한 건축가이자 공예가로, 일찍이 황궁의 건축을 관장하던 '특작대장(特作大匠)'이었다. 염립본은 '화가의 왕'이었지만 화공의 지위가 비천한 것을 통감하고 자신의 후대에게 일찍이 다음과 같이 권고한 바 있다.

"나는 어려서부터 책을 읽어 문사가 동년배들보다 적지 않았다. 지금 그림으로 세상에 이름을 알렸지만 하인들과 같이 여겨지니, 후손들은 나와 같이 화가가 되는 것을 신중히 생각하여 그림을 배우지 않았으면 하노라."

당 태종 이세민(李世民)의 뜻에 따라 염립본은 〈역대제왕도(歷代帝王圖)〉, 〈진부십팔학사도(秦府十八學士圖)〉, 〈능연각공신이십사인도(凌烟閣功臣二十四人圖)〉, 〈보련도(步輦圖)〉, 〈직공도(職貢圖)〉 등 주요 작품을 완성하였다. 그중 〈역대제왕도〉와 〈보련도〉가 지금까지 현존한다.

〈역대제왕도〉는 양한(兩漢)에서 수대까지 13명의 황제 형상을 그린 것으로, 그중 한 광무제(光武帝)[28] 유수(劉秀), 위 문제 조비(曹丕), 오왕(吳王) 손권(孫權)[29], 진(晉) 무제(武帝) 사마염(司馬炎)[30] 등 개국 공신들, 진(陳) 후주(后主)[31], 수 양제(煬帝)[32] 등 망국의 임금 초상도 있다. 개

* 『**資治通鑒**』: 북송 시기 사마광(司馬光)이 편찬한 편찬체 역사서

국 공신들은 위세가 있고 기지가 뛰어나며 여러 면에서 훌륭하게 그려진 반면, '망국의 임금'들은 의기소침하게 그려졌다. 당대 통치자는 역사에서 교훈을 얻기를 바랐는데, 이러한 맥락에서 회화의 정치적 기능을 강조하였다. 염립본은 궁정 화가의 신분과 자신의 회화 능력을 다해, 당 태종이 내린 사명을 수행하였다. 제왕화는 한대 이래 형식의 틀을 준수하여, 고개지의 〈낙신부도〉 중의 제왕 형상과 돈황(敦煌) 당대 벽화 중의 제왕 공양상과 맥락을 같이 한다.

염립본의 또 다른 작품 〈보련도〉에서는 당 정관(貞觀) 14년(640) 투르판(오늘날 티베트) 왕이 장안(長安)[33]에 사신을 파견하여 결혼을 청하는 상황을 기록하였다. 『자치통감(資治通鑒)』*에는 '트루판 왕이 신하 녹락찬(祿樂贊)을 파견하여 금 5,000량과 수백 가지 진귀한 보물을 바쳐 결혼을 청하였다. 이에 황상(당 황제)은 문성 공주를 트루판 왕에게 시집보냈다'라고 기재되어 있다. 이 그림은 비교적 감성적인 실제 상황을 나타낸 것으로 생동감 있는 소재를 이용하여, 〈역대제왕도〉의

〈보련도〉(38.5×129cm) 두루마리(북경 고궁 박물관 소장)

개념화된 틀을 극복하고 예술성을 더욱 잘 드러냈다. 그림 오른쪽에는 궁녀들의 시중을 받으며 당 태종(太宗)[34] 이 보련에 앉아 있다. 왼쪽에 세 사람이 있는데, 앞은 전례관이고, 가운데는 녹락찬이며 뒤는 통역관이다. 당 태종의 형상은 전체 그림의 중심부에 있다. 궁녀들에 둘러싸여 보련을 타고 트루판 사신을 맞이하는 당 태종 이세민의 모습은 준수하고 눈빛은 깊고 장중하며, 제왕의 권위를 가지고 있으면서도 태연자약한 모습을 지녀 영민한 군주의 준엄한 풍모를 잘 드러내고 있다. 9명의 궁녀는 양산을 펴거나 가마를 들거나 부채를 드는 등의 각기 다양한 모습을 보여준다. 교태가 있으면서도 연약하고 아름다운 모습, 그리고 잰걸음 혹은 느린 걸음으로 궁녀들이 그려져, 당 태종의 장엄하고 깊이 있고 안정감 있는 모습을 돋보이게 하여 정치, 역사적 장면에 아름다운 색채감을 더하였다. 투르판 사신이 공경스럽게 서 있는 모습에서 경외심과 장중함이 보인다. 전체 구도에 배경은 설정되어 있지 않고, 인물 묘사를 위주로 하고 있다. 구조상 오른쪽에서 왼쪽으로, 빽빽함에서 성김으로 천천히 이동하고 있고, 중심은 두드러져 있으며 리듬감이 선명하다. 색채가 짙고 순수하며 전체적으로 홍록색이 교차되어 운율감이 풍부하고 시각 효과가 선명하다. 이 그림은 장식미를 갖춘 평면 구도와 구체적인 대상에 대한 사실적 처리가 잘 결합되었다. 주요 인물의 형상이 선명하고 당 태종이 지닌 제왕의 용모, 이역 사신 녹락찬의 특징, 대동한 예관, 통역관의 행동거지와 신분에 걸맞은 모습에서 화가가 초상화에 들인 공력을 알 수 있다. 궁녀들의 무질서한 모습은 사신, 예관이 예를 다해 서 있는 모습과 균형을 이루어 의식이 진행되고 있음을 느끼게 하는 동시에 그림의 중앙에 있지 않은 제왕의 형상을 조화롭게 연결해주고 있다.

〈보련도〉는 송 휘종이 주관하여 만든 『선화화보』와 송대 걸출한 화가 미불(米芾)[35] 의 『화사(畵史)』에 보인다. 이 그림은 역대 궁정과 수장가들이 애호하는 것으로 초당(初唐) 시기 회화의 최고 수준을 보여

염립본의 〈역대제왕도〉 두루마리(13단 현존)(미국 프린스턴 대학 소장)

준다. 현재 북경 고궁 박물관에 소장된 〈보련도〉는 송대 모본이다. 염립본은 고개지, 전자전의 화려한 화풍을 이어받았지만, 용필에서는 선 자체의 표일함이나 수려하고 장식적인 것을 강조하지 않았다. 그가 그려낸 선은 더욱 온건하고 소박하고 간단하며 표현력이 풍부하여 대상의 형체에 더욱 부합하였다. 이로써 감상가들에 의해 '철선묘(鐵線描)'라 칭해졌다. 색채 운용 면에서 비단에 주사, 석록 등의 광물질 안료를 잘 사용하여, 공정하고 전아한 황실 회화 기풍을 강조하였다. 이 그림이 비록 송대 모본이라고 하나 모사가 치밀하여 원작의 진정성을 잃지 않았다.

기라 인물(綺羅人物)과 안마 인물(鞍馬人物)

당대 중국인의 심미 취미는 현대인과 커다란 차이가 있었다. 당대인들은 남녀 모두 '풍만한 자태', 즉 부유한 생활에서 생겨난 풍만함을 아름다움으로 여겼는데, 현존하는 당대 회화나 조소에 이러한 요소를 확인할 수 있다. 성당(盛唐) 시기 유행한 '기라 인물(綺羅人物)*'은 시대적인 특징이 가장 잘 갖추어진 회화 양식이라고 할 수 있다. 기

* **綺羅人物**: 사람을 그리던 표현 양식으로 성당 시기 유행했으며, 당시 귀족 여성들을 풍만한 모습으로 표현하였다.

라 인물의 조형적 특징인 풍만한 외형, 통통한 볼이 그림 속 인물들의 느슨하고 만족스러운 모습에 잘 부합되었다. 역사학자들은 기라 인물 양식의 미술품이 당대 황실, 귀족 생활을 반영함과 동시에 당시 보편적 기상을 반영한다고 보았다.

기라 인물 회화는 장훤(張萱)[36]과 주방(周昉)[37]의 작품이 가장 전형적이다. 당 현종(玄宗)[38] 시기 장훤은 사관화직(史官畵直)을 역임한 적이 있는데, 특히 인물을 잘 그렸다. 문헌에 따르면 그는 정자, 숲, 화조 등을 모두 잘 그렸는데, 특히 귀족 부녀자들의 여유롭고 사치스러운 생활을 그리는 데 심취하였고, 유춘, 상설, 화장, 숨바꼭질, 거문고 타기 등을 제재로 한 그림을 그렸다. 주방 역시 환관 출신으로 '귀족 자제'였다. 『선화화보』에 따르면 그는 귀하고 아름다운 것을 많이 보았고, 귀족 인물을 잘 그렸으며, 대상을 아름답고 풍만한 자태로 그렸다고 한다. 장훤과 주방의 작품은 역대 황실이 애호하였다. 회화를 무척이나 애호했던 것으로 유명한 송대 휘종은 다방면으로 그들의 그림을 수집하여 소장한 주방의 그림이 70여 점에 달하였다. 장훤의 대표작 〈괵국부인유춘도(虢國婦人游春圖)〉와 〈도련도(搗練圖)〉도 송대 휘종의 모본이 있었기 때문에 지금까지 전해질 수 있었다.

장훤의 〈도련도〉
(37×145.3cm) 두루마리
(미국 보스턴 박물관 소장)

〈괵국부인유춘도〉는 화려한 두루마리 그림이다. 당시 새로운 당의 기풍 아래 화가 장훤은 현실적인 제재를 채택하였는데, 시인 두보(杜甫)의 서사시 '여인행(麗人行)'과 함께 당대 기풍을 잘 표현하고 있다. 그림에는 당 현종 시기 명성이 대단했던 왕비 괵국 부인이 봄나들이 하는 정경이 묘사되었다. 행렬 속 사람과 말이 고르게 그려져 있고 화려한 의상을 입은 괵국 부인 등의 귀부인들이 시녀를 대동하고 준마를 타고 봄나들이를 한다. 9명의 인물 중에 한 귀부인은 어린 여자 아이를 안고 있는데 아주 생동감 있게 그려졌다. 작품은 인물의 내면을 표현하는 데 주력하여, 힘차고 세밀한 선조와 색채의 덧칠로 농염하면서도 우아함을 잃지 않고 세밀하면서도 생기를 잃지 않았다. 당나라 사람들은 제왕에서 귀비, 관원에 이르기까지 예외 없이 말을 좋아하였다. 화가들은 말을 그리는 것으로 자신의 기예를 드러내 명성을 얻었다. 그림 속 괵국 부인 등 귀부인이 탄 홍색 준마는 '화류(驊騮)'라는 칭호를 가지고 있는데 그들 주인만큼이나 풍치가 있고 비범한 모습이다.

황실 귀부인과 비교하면, 〈도련도〉는 평민화된 장면을 묘사하고 있다. 그림 속 부녀자는 성당 시대 특유의 '풍만한 자태'를 띠고 있어서 이 작품 역시 '기라 인물화'에 속한다. 이 그림은 궁중 부녀자들이 백련(白練)*을 가공하는 모습을 그린 것으로, 그림 속 인물의 작업 순서는 도련, 직수와 다림질이다. 12명 사람들의 모습은 각각 다양하게 묘사되어 있는데 도련하는 사람은 방망이를 들거나 소매를 걷어 올리고 있고, 실을 잣는 사람은 세심하게 실을 감고 있다. 풀무질하는 어린 소녀는 열기에 움찔하고 있고, 여자 하인은 다림질을 호기심 어리게 바라보고 있다. 이러한 형상 속에서 화가의 세심한 관찰과 생동적인 묘사를 알 수 있다. 물과 꽃이 가득한 노란 비단 가운데에 금나라 장종(章宗)이 '천수가 장훤 보련도를 임모하다'라는 글자를 쓰고, '명창칠새(明昌七璽)' 도장을 찍었다. 장훤은 사녀도(仕女圖)의 형식으로 노동 장면을 표현하였는데 그림 속 인물들의 의상이 적절하고 행동거지가 고귀하여, 한대, 당대 동일한 제재에서 관용적인 해학적 표현

* **白練**: 흰색 비단

* 왕백민(王伯敏), 『중국회화통사(中國繪畫通史)』 상권, 북경삼련서점(北京三聯書店), 2000년, 236쪽

형식을 넘어서 세속적인 생활 장면을 숭고한 경지에까지 올려놓았다.

주방은 여러 가지 회화 양식을 두루 잘 그린 화가이다. 『역대명화기(歷代名畵記)』, 『선화화보』 등 문헌에 따르면, 주방은 기라 인물화와 초상화를 잘 그리는 화가였다. 그는 또한 불화에서도 탁월함을 발휘하여 그가 그린 〈수월관음자재보살(水月觀音自在菩薩)〉은 호평을 받았다. 송 휘종은 주방의 작품을 대량으로 소장했으며, 그중 대부분이 사녀도였다. 그의 그림은 송 휘종의 중시를 얻어 보존될 수 있었다. 주방의 〈휘선사녀도(揮扇仕女圖)〉의 정취는 장훤의 〈도련도〉와 비슷한 면이 있지만, 무료하고 공허한 일상을 표현하고 16명의 인물이 모두 비슷한 일을 하는 내용을 통해 궁에 오랫동안 갇혀 지내야 했던 궁녀들의 수심과 적막을 드러낸 점에서 차이를 보인다. 주방의 기라 인물화는 사치스럽고 활기 없이 그려졌으며, 조형도 더욱 풍만하였다. 이러한 풍만한 조형은 동시대 후배 화가들에 의해 주방의 사녀도가 사치스럽고 부유한 모습으로 인물의 뛰어남을 손상시켰다는 비평을 받게 된다.* 사실상 성당 시기 화려함은 당나라의 흥망성쇠에 따라 성쇠해가고 점차 소멸해갔다. 회화 양식도 이러한 사회적 변화에 따라 곧이어 시의에 맞지 않게 되었다. 그렇다고 해도 이 그림을 통해 오

조길이 그린 장훤의 〈괵국부인유춘도〉(52×148cm) 임모화 두루마리(요녕성(遼寧省) 박물관 소장)

주방의 〈휘선사녀도〉(33.7×204.8cm) 두루마리(부분)(북경 고궁 박물관 소장)

늘날 우리는 성당 시대 사회 기풍과 이상적인 생활의 전체 면모를 짐작할 수 있다.

궁정 회화의 짜임새 있고 화려하며 점잖은 정취는 산수화, 화조화 및 불교 제재의 그림 속에도 깃들어 있다. 중국 회화는 당대부터 회화 제재에 따라 관습적으로 산수화, 인물화, 화조화 등으로 나누어지며, 화가는 그중에서 한 분야를 자신의 주력 분야로 삼았다. 『역대명화기』 등의 저서에 언급된 전문 화조, 동물 화가는 80여 명에 이른다. 이 시기 소와 말 등의 동물에 대한 애호로, '안마 인물화'가 당대 회화의 또 다른 중요한 주제가 되었다.

당대 화가 조패(曹霸)[39]는 말을 잘 그렸다. 두보는 시 '단청인증조장군패(丹青引贈曹將軍霸)'를 지어 조패 그림 속 망아지 '옥화총'이 '아홉 겹 하늘에서 용이 나오는 듯' 그려져, 그의 말 그림이 '오랜 세월 동안 그려진 수많은 말 그림을 순식간에 공으로 만들어버렸다'라며 칭찬하였다. 조패의 제자 한간(韓幹)[40]은 경조(京兆)[41] 사람으로 당 현종 시

고굉중(顧宏中)의 〈한희재야연도(韓熙載夜宴圖)〉 (28.7×335.5cm) 두루마리(북경 고궁 박물관 소장)

대에 활동하였다. 소년 시절 주사(酒肆)*에서 더부살이를 하였는데 유명한 시인이자 화가인 왕유(王維)[42]의 도움을 받아 10년간 그림을 공부할 수 있었다. 초상, 인물, 귀신, 특히 말을 잘 그려서, 두보는 '한간이 말을 그리면 붓끝에도 정이 생겨난다'고 하였다. 한간의 작품으로 〈야조백도(夜照白圖)〉**가 세상에 전한다. 한간이 그린 말은 강건하고 뛰어났으며 구조가 정확하였고, 당나라 사람들이 칭송하던 미녀의 풍만함과, 총애 받는 물건이 가지는 활기참과 광택을 지녔다. 그의 또 다른 그림 〈목마도(牧馬圖)〉는 무사가 백마를 타고 천천히 걸어가는 모습이 그려져 있다. 오른쪽 검은색 말은 귀족화된 안마 인물(鞍馬

---

* **酒肆**: 비교적 큰 규모의 술집

** **〈夜照白圖〉**: 현재 미국 메트로폴리탄 미술관에 소장. 야조백, 옥화총은 모두 당 현종이 타던 말로, 당나라 시기에는 자신이 아끼는 애마에 이같이 시적인 이름을 짓는 것이 성행하였다.

人物)*의 전형적인 도상으로, 용필이 섬세하고 힘이 있으며 색채도 적절하게 처리되었다. 이 그림은 남당 내부와 선화 내부에 소장되었으며, 송 휘종 필치로 '한간진적(韓幹眞迹)'이라는 네 글자가 선명하게 쓰여 있다.

또 다른 당대 화가 한황(韓滉)[43]의 〈오우도(五牛圖)〉는 원대 화가와 감정가들 사이에서 '세상에 드문 진품'으로 칭해졌다. 한황은 농사일을 하면서 여가 시간을 이용하여 그림을 그렸는데 농촌의 풍속, 인물, 물소를 잘 그렸으며 표현력이 매우 풍부하였다. 〈오우도〉는 종이에 그린 긴 두루마리 그림으로, 다섯 마리 소가 각자 독립적으로 그려져

* **鞍馬人物**: 말을 탄 인물을 그린 그림으로 성당 시기 유행하였다.

상 한간의 〈야조백도〉(30.8×33.5cm)(미국 메트로폴리탄 미술관 소장)

하 한황의 〈오우도〉(20.8×139.8cm) 두루마리(북경 고궁 박물관 소장)

있는데 가시덤불을 그린 것 외에는 경치가 그려져 있지 않다. 소는 풀을 뜯어먹거나 뛰어놀며 울거나 혀로 핥거나 천천히 걸어가는 등 각기 다른 행동을 하고 있다. 사람의 모습은 없고 농가에서 아끼는 소의 모습이 활기차게 표현되었으며, 전체 그림의 구조가 정확하고 원근 관계가 적절하며 윤곽선 용필이 간략하면서 변화가 풍부하다.

염립본의 제왕도, 기라 인물화와 안마 인물화 모두 성당 시기 특유의 호방함과 자신감을 드러내고 있다. 〈보련도〉에서는 우아하면서 여유롭고, 온건하면서 장엄한 모습을 볼 수 있고, 장훤, 주방, 한간, 한황 등의 작품에서는 풍성하고 화려하며 생동감을 느낄 수 있는데 이 모두 성당 시기 특유의 기상을 드러내는 것이다.

'화성(畵聖)'으로 불리는 오도자(吳道子)

당대 가장 걸출한 화가 오도자는 중국 고대 평론가와 소장가 모두에게 전무후무한 거장으로 인정되고 있으며, '시성(詩聖)' 두보에 버금가는 '화성(畵聖)'으로 평가된다. 동시대 문인 장언원은 그의 유명한 화론『역대명화기』에서 다음과 같이 높이 평가하였다.

"중국에 오도자는 고금을 통틀어 독보적이다. 오도현 이전 시대 사람으로 고개지, 육유(陸游)를 초월하고 있으며, 후대에는 그를 따를 사람이 없다."

송대 시인이자 화가인 소식(蘇軾)[44] 도 다음과 같이 언급하였다.

"시는 두보에 의해 완성되었고, 문은 한유(韓愈)에 이르러 완성되었으며, 서체는 안진경(顔眞卿)에 의해 완성되었다. 그림은 오도자에 의해 완성되어 고금의 변화, 천하의 일이 끝났다."

후세 회화사와 화론에서 거의 빠짐없이 그를 '화성'이라고 불렀다. 오도자는 하남 우현(禹縣) 사람으로, 가난하고 고독한 어린 시절을 보냈다. 처음에는 서법을 배웠으나 후에 회화로 바꾸어 20세 이후부터 두각을 나타냈다. 오도자 창작의 전성기는 당나라가 강성하고 경제가 번영하며 문화가 융성하던 시기였다. 그가 민간 화가의 신분으로 낙양(洛陽)을 방랑하였을 때 당 현종 이륭기(李隆基)는 그 명성을 듣고

후인이 오도자를 모방하여 그린 그림

돈황 막고굴(莫高窟) 제103호. 성당 시기에 만든 것으로, 이곳 벽화에 그려진 유마힐(維摩詰)[45] 거사의 모습이 생동적이다.

그를 내교박사(內敎博士)*에 임명하였다. 당대 중요한 도시였던 낙양과 장안에는, 기라성 같은 시인과 예술가들이 운집하였다. 『역대명화기』에 따르면 '성당에서 지금까지 230년간 예술에 기탁한 자들이 수없이 많았지만, 그중에서도 개원(開元) 천보(天寶) 시기에 예술인이 가장 많았다'고 하였다. 오도자, 왕유, 장조(張璪), 이사훈(李思訓)[46], 조패, 한간, 진굉(陳宏), 항용(項容), 양령찬(梁令瓚), 장훤, 양혜지(楊惠之) 등이 모두 당시 이름을 떨쳤던 유명한 화가이다. 수많은 화가들과 수천 명으로 집계되는 민간 화공들이 서로 기예를 뽐내며 각자의 장기를 드

* **內敎博士**: 궁궐 내에서 예의, 서화, 문학 등의 기예를 가르치던 관직

러내어 회화가 크게 성행하였다. 오도자는 이러한 영향 속에서 뛰어난 천재성이 급속하게 발현하였다. 그는 불교 인물을 그리는 데 뛰어났으며 산수, 화조, 초목, 궁전, 누각 등 어느 것 하나 뛰어나지 않은 것이 없었다.

이러한 화성에 대한 문헌에 남겨진 기록은 특이하고 신화적인 색채가 농후하다. 당 현종이 그를 사천성(四川省)에 파견하여 촉산(蜀山)의 산수를 관찰하여 초벌 그림을 그린 후 돌아와서 그림을 완성하도록 하였다. 하지만 오도자가 촉 지방을 고찰하고 돌아왔을 때 그는 한 장의 초벌 그림도 가지고 오지 않았다. 황제의 질책에도 그는 태연히 대처하며 서두르지 않았다. 이후 그는 황제 알현하에 대동전(大同殿)에서 폭풍우가 몰아치듯 붓을 휘둘렀다. 그러자 촉나라 산수의 기이한 돌과 급류, 종횡무진 300리(약 117km)가 넘는 풍경이 하루 만에 완성되어 모든 조정 사람들에게 많은 갈채를 받았다고 한다. 이런 일화에서 그의 산수화가 무척 성공적이었음을 알 수 있다. 또 한 번은 오도자가 장안 흥선사(興善寺)에서 그림을 그릴 때 장안 사람들이 벌떼처럼 주위에 모여들어 장관을 이루었다고 한다. 당시 오도자가 붓을 들어 휘두르니 그 기세가 '회오리바람이 부는 것' 같았다며, 직접 목도한 사람들은 경탄을 금치 못했다고 한다. 오도자는 그림과 조각에 모두 능했고, '정신을 한곳에 집중(守其神, 專其一)'하였기 때문에, 1000여 년 이래 상류층 문화 엘리트에게 회화계의 지존으로 추대되고 역대 회화와 조각을 전문으로 하는 장인들에게도 조상으로 떠받들어지고 있다.

『역대명화기』에 기재된 내용에 따르면 오도자는 일찍이 장안, 낙양사에서 불교 벽화 300여 개를 제작하였는데, 각각의 모습이 모두 달랐다고 한다. 인물을 그릴 때 아무리 편폭이 크더라도, 팔에서 먼저 시작하건 발에서 먼저 시작하건 간에 모두 기준을 잃지 않았다고 한다. 여기에서 알 수 있듯이 그는 조형과 구도의 제어 능력이 있었다.

불상의 원광, 집의 기둥 대들보나 휘어진 화살, 꼿꼿하게 세워진 칼날을 그릴 때 원규나 자 없이 단숨에 그렸다. 오도자의 호방함은 이전 시대 고개지의 단아함이나 세밀함과 차이를 보여주는데, 고개지와 오도자가 닮은 점은 서법의 원리를 그림의 용필과 배치에 운용했다는 것이다. 오도자가 비록 화공 출신이었지만, 일찍이 당대 대서법가 장욱(張旭)[47]과 하지장(賀知章)[48]에게서 서법을 배웠다. 오도자는 특히 '광초(狂草)*'에 깨달은 바가 있어, 그의 그림 곳곳에 초서의 영혼이 깃들어 있다. 예를 들어 그가 난잎이나 순채 같은 필법으로 옷의 주름이 팔랑팔랑 나부끼는 모습을 표현하였다. 여기에서 '오도자가 그린 허리띠가 바람에 흩날리네(吳帶當風)'라는 전고가 여기에서 비롯되었다.

오도자가 그린 그림으로는 〈명황수전도(明皇受篆圖)〉, 〈십지종규도(十指鐘馗圖)〉, 〈공작명왕상(孔雀明王像)〉, 〈탁탑천왕도(托塔天王圖)〉, 〈대호법신상(大護法神像)〉 등 93편이 전하는데, 모두 『선화화보』에 들어있다. 세상에 전해지는 작품으로 〈천왕송자도(天王送子圖)〉가 있는데 정반왕(淨飯王)의 아들 석가(釋迦) 출생의 이야기로, 현재 일본 오사카 시립 미술관에 소장되어 있다. 〈석가도(釋迦圖)〉는 일본 교토 동복사(東福寺)에 소장되어 있는데, 이 두 작품 모두 후세인들이 모작한 것이다. 또한 〈도자묵보(道者墨寶)〉가 있는데, 종이에 백묘(白描)**로 그린 것으로 현재 50쪽 분량이 전해지는데, 1910년 해외로 유출되어 원본은 잃어버리고 복사본만 전해진다. 현존하는 그림 중에서 오도자의 그림을 알 수 있는 것은 모두 후세 소장가나 화공들이 임모한 판본이지만 오도자의 그림과 그 기풍의 변화를 연구하는 데 참조할 수 있으며, 전적을 유실하여 보완할 수 없는 상황에서 이러한 간접 자료라도 보존하는 것이 다행인 것 같다.

〈천왕송자도〉 두루마리 그림은 〈석가모니강생도(釋迦牟尼降生圖)〉라고도 하는데, 역대 소장가들이 중시했던 그림이다. 명대 『청하서화방

* **狂草**: 흘려 쓰는 초서체

** **白描**: 동양화에서, 진하고 흐린 곳이 없이 먹으로 선만을 그리는 화법

(淸河書畵坊)』에는 다음과 같이 기재되어 있다.

"오도자의 〈천왕송자도〉는 종이에 그린 것으로, 진품 수묵화이다. 이는 한씨(존량) 명화 중에 제일이고, 천하 명화 중에서도 제일이다."

그림은 〈서응본기경(瑞應本起經)〉에 따라 그렸는데, 석가모니가 정반 왕가에 강생한 이야기를 그리고 있다. 그림의 전반부에는 아들을 보내는 신이 상서로운 동물을 타고 앞으로 나아가는 모습과 단정히 앉아있는 천왕이 묘사되어 있다. 아주 중요한 과업이 완성된 데 대한 기쁜 마음과 긴장감이 함께 잘 나타나 있다. 옆에 있는 시녀와 시종의 반응과 표정도 내용에 잘 맞게 그려졌다. 그림의 후반부에는 정반왕이 존경과 감사의 마음을 가지고 조심스럽게 어린 석가를 안고 천천히 앞으로 가는 모습이 그려져 있다. 〈도자묵보〉는 불교의 각종 신과 그에 소속된 신들의 모습이 그려져 있다. 구름이나 안개를 타고 천지간에 나타나는 등 신선 세계로 묘사되어 있는데, 이들의 모습은 오히려 당시의 당나라 사람 형상을 하고 있다. 그중 일부 편폭에서는 '지옥변상'의 도식으로 지옥의 처참한 상황과 죄를 받고 형벌을 받는 모습을 그리고 있다. 이러한 천당, 지옥 장면에서는 서구 문예 부흥시기 회화에 묘사된 단테의 『신곡』의 시정 가득한 장면과 얼핏 닮아 있다.

성당 시기 '문화 박물관'이라고 할 수 있는 장안 천복사(天福寺) 서탑원(西塔院)에는 오도자가 그린 석도 인물 벽화가 남아 있는데, 이 그림에서 오도자는 자신을 보살상의 모습으로 그렸다. 그는 후대 사람인 한간의 종교 벽화 〈기녀소사정(妓女小寫眞)〉과 〈일행대사(一行大師)〉처럼 종교적 교의에 속박을 받지 않고 신의 세계를 자유롭게 그려냄으로써 시대정신을 나타냈다. 또한 그는 세속의 '공양인(供養人)*' 신분으로 부처 나라에 서 있기보다 일반 화공의 형상으로 불계 정토(淨土)를 주관하는 모습으로 개성 있게 표현하였다. 유명한 벽화 〈지옥변상도(地獄變相圖)〉에서는 평민과 귀족의 신분적 차이를 뛰어넘어 한

* **供養人**: 공양주. 절에 시주하는 사람

오대 관휴(貫休)[49]의 〈십육나한도(十六羅漢圖)〉(부분)

번도 징벌을 받아본 적이 없는 고위 관직과 귀족들에게 족쇄를 달아 지옥에 들어가는 모습을 대담하게 그렸다. 그는 생동적이고 사실적인 형상으로 당시 사람들에게 선과 악에는 귀천이 없고 중생은 모두 평등하다는 불교 사상을 나타냈다.

불교 회화는 대대로 전승되었는데, 북조(北朝)[50] 시기 화가 조중달이 창립한 양식, 즉 '조가 양식(曹家樣)'이 불교 회화에서 대단한 추앙을 받았다. 조가 양식은 이역풍에서 중국화된 불교 회화 양식을 말하는 것으로, 주로 인체의 해부학적 구조를 중시하고 옷의 주름과 인체를 밀착하여 그렸다. 이런 까닭에 중국 미술사에서는 '조중달이 그린 옷은 물에서 나온 것 같이 몸에 붙어 있다'라고 하였다. 반면, 오도자는 초기에 운필이 비교적 섬세하고 기풍이 조밀하다가 중년에 이르러 호방한 기풍으로 변모하여, 운필이 힘차고 운동감이 넘치고 간략한 선에도 변화가 있으며 선형의 원만함이 마치 '순채조(蓴菜條)*'나 버드나무잎처럼 늘어진 묘사와 같았다. 이런 까닭에 점과 획 사이가 빈 듯 보여도 붓이 다 하지 못한 곳에 뜻은 가득한 미묘함이 있었다. 후인은 이것을 장승요(張僧繇)[51] 와 함께 '소체(疏體)'라고 칭하며, 고개지, 육탐미의 세밀하고 비교적 소박한 '밀체(密體)'와 구별하였다. 이는 조중달 식의 불화와 거리를 가졌는데, 어떤 의미에서는 중국 토착 불교 도상의 확립을 나타낸다고 하겠다. 이로부터 중국 토착 불교 도상에는 조중달의 양식과 오도자의 양식으로 나누게 된다. 육조, 수, 초당 시기 불교 미술에 '조가 양식'이 주도적인 자리를 차지하다가, 성당 이후에는 완전히 중국화된 '오가 양식'이 주류를 이루었다.

* **蓴菜條**: 중국 오도자의 선묘 방식으로, 선묘가 순채(수련과에 속하는 식물)처럼 그렸다고 해서 순채조라 일컫는다.

오도자는 회화 예술에 커다란 열정과 왕성한 창작 열정을 가졌는데, 이러한 점은 이탈리아 문예 부흥기 미술의 대가 미켈란젤로와 서로 비교된다. 그들의 예술적 성과는 중국뿐 아니라 모든 세계 미술사에 불멸의 족적을 남겼다.

최초의 회화 통사 『역대명화기(歷代名畵記)』

당대 290년 동안 중국은 사회, 경제, 문화 모든 방면에 번영을 이룩하였다. 회화 창작도 최고조에 달했고, 회화사, 회화 명가와 명화에 정리 문헌도 이러한 흐름에 부응하여 생겨났다. 중국 최초의 회화 통사 『역대명화기』는 당대 말기 장언원이 쓴 것으로, 그는 3대 재상의 집에서 태어나 집에 육조 수당 시기 명화들을 상당히 많이 소장하고 있었다. 이 책은 '화론의 시조'라고 불리며, 전체 10권으로 이루어져 있으며 세 부분으로 나뉜다. 첫 부분은 회화사 논술이고, 두 번째 부분은 화가의 전기, 세 번째 부분은 역대 회화 작품의 감상과 수장에 관한 것으로 나누어져 있다. 이 책에서 회화의 원류, 사회 기능이 논술되기 시작하였으며, 「술역대능화인명(術歷代能畵人名)」에서는 '헌원(軒轅)에서 당대 회창(會昌)에 이르기까지 372명'의 화가가 서술되어 있다. 「논화육법(論畵六法)」, 「논화산수수석(論畵山水樹石)」, 「논전수남북시대(論傳授南北時代)」, 「논고육장오용필(論顧陸張吳用筆)」 등의 논문이 수록되어 있다. 장언원의 이 저작은 한 권의 회화사일 뿐 아니라 회화 비평사로서, 인용한 이전 시기 회화사 화론만 수십 종이 넘어 당대 및 이전 시기 중국 회화와 회화 이론을 총결한 것으로 중국 고전 회화의 필독서로 꼽힌다. 이외에 이 시기 중요한 회화사, 화론으로 주경현(朱景玄)[52]의 『당조명화록(唐朝名畵錄)』과 왕유의 『산수론(山水論)』, 『산수결(山水訣)』 등이 있다.

1| **전목**(錢穆, 1895~1990): 강소성 무석 출신의 중국 사학자. 평생 중국 문학을 체계적으로 소개하는 데 주력하였다. 1949년 이후 홍콩으로 이주, 1967년 이후 대만으로 건너가 문화 대학에서 교편을 잡았다. 『국학개론(國學槪論)』, 『중국사상사(中國思想史)』, 『중국근삼백년학술사(中國近三百年學術史)』 등 60여 권의 저서가 있다.

2| **진**(秦, B.C. 221~B.C. 207): 주나라 때 제후국의 하나로 중국 최초로 통일을 완성한 국가. 중국 영문명 China가 여기서 유래하였다. 강력한 중앙 집권 정치로 전국 시대를 통일한 왕조였지만, 분서갱유 및 대규모 토목 공사, 폭정과 간신의 횡포가 이어졌으며, B.C. 207년 한나라 고조에게 멸망하였다.

3| **한**(漢, B.C. 206~A.D. 220): 진(秦)을 뒤잇는 중국의 두 번째 통일 왕조로 초대 황제는 고조(高祖) 유방(劉邦)이다. 한나라 역시 고도의 중앙 집권 정치를 실시하였으나 진과 달리 중용과 덕을 강조하는 유교를 바탕으로 통치 이념을 세워갔으며, 이를 바탕으로 행정적, 문화적, 기술적 업적을 이루었다. 왕망(王莽)이 세운 신(新, 8~22)나라에 의해 수도가 장안(長安)에서 낙양(洛陽)으로 옮겨지게 되는데, 장안을 수도로 하였던 한을 전한(前漢), 낙양에 재건된 한을 후한(後漢)이라고 한다.

4| **위**(魏, 386~534): 남북조 시대 화북 지방에 존재했던 왕조. 선비족의 후예 북위는 막강한 군사력을 바탕으로 화북 지방을 통일함으로써 중앙아시아로 가는 교통 및 교역의 중심지들을 지배하였고, 중국 북부와 남부 사이의 교역도 활발하게 진행하였다. 북위 시기 균전제를 실시하여 모든 토지를 황제의 소유로 귀속시켰고 성인 남자에게 일정한 몫의 토지를 할당하였다. 불교가 일시적인 탄압을 받기도 했지만 국교로 장려되었고, 이 시기 불교 예술을 대표하는 것으로 운강 석굴과 용문 석굴이 있다.

5| **진**(晋, 265~420): 265년 사마염(司馬炎)이 위(魏)의 마지막 황제를 폐위시키고 세운 중국의 왕조. 서진(西晋, 265~316)과 동진(東晋, 317~420)의 두 시기로 나뉘는데, 316년 흉노족의 침입으로 통일 왕조 서진이 멸망하면서 중국은 200여 년간 남북조 사회 수많은 왕조가 난립하게 된다. 이후 317년 사마씨 가문의 황족인 사마예(司馬睿)가 남경(南京)에 왕조를 세웠는데, 이 왕조가 남북조 육조 중의 하나인 동진이다. 이 시기 불교 예술이 흥성하였으며, 고개지(顧愷之), 왕희지 (王羲之) 등 뛰어난 예술가들이 배출되었다.

6| **위진 남북조**(魏晋南北朝, 220~589): 후한(後漢) 멸망부터 수(隋)에 의해 중국이 재통일되기까지의 역사적 시기. 정치, 사상적으로 혼란의 시대였지만 다양한 사상과 문화 예술 활동이 전개되었다.

7| **수**(隋, 581~618): 위진 남북조 시대를 종식시킨 통일 왕조. 문제(文帝), 양제(煬帝), 공제(恭帝) 3대로 단명한 왕조였지만 당대(唐代) 문예 부흥의 발판을 만들었다. 오랜 토목 공사와 고구려 정벌로 국운이 기울어 내란이 끊이지 않았다. 수나라는 태원(太原)의 유수였던 이연(李淵)이 세운 당(唐)에 의해 멸망되었지만, 그 정치 행정 체계 및 예술적 육성 과정은 당대에도 그대로 이어졌다.

8| **당**(唐, 618~907): 수나라에 이은 중국의 통일 왕조. 290년간 중국을 다스리며 문화와 경제를 절정으로 끌어올렸다. 당대는 세계 여러 나라들과 폭넓은 경제적, 문화적 교류 활동을 가졌는데 한국, 일본 등 아시아는 물론 유럽의 정치, 경제, 문화에도 커다란 영향을 끼쳤다. 상공업의 발달로 도시가 번성하였으며 과거제가 확립되어 하층 지식인들이 대거 사대부 계층으로 진입할 수 있어 새로운 사회 계층이 형성되었다. 또한 다양한 종교 활동과 문화 교류가 이루어져 당나라는 당시로는 세계 최대의 제국을 이루어 나갔다.

9| **혜강**(嵇康, 224~263): 삼국 시대 위(魏)나라의 문인. 자는 숙야(叔夜). 죽림칠현의 한 사람으로 작품으로 한시 '유분시(幽憤詩)', 산문 '금부(琴賦)' 등이 있다.

10| **왕희지**(王羲之, 307~365): 진(晋)나라의 서예가. 자는 일소(逸少). 우군 장군(右軍將軍)을 지냈으며 해서, 행서, 초서의 3체를 예술적 완성의 영역까지 끌어올려 '서성(書聖)'이라고 불린다. 특히 행서로 쓰인 왕희지의 비문(碑文)은 행서의 본보기가 되었으며, 그의 서첩 〈난정서(蘭亭序)〉는 후대 특히 고전에 대한 관심이 높았던 명나라 시대에 그림의 주제로 많이 채택되었다.

11| **조중달**(曹仲達): 550~577년에 활약한 북조(北朝) 제(齊)나라의 화가. 초상화를 잘 그렸으며, 특히 탱화에 뛰어났다. 그의 인물화는 옷 주름이 팽팽하고 몸에 달라붙게 그렸기 때문에 마치 금방 물에서 나온 듯하다 하여, 세간에서 '조의출수(曹衣出水)'로 일컬어졌다.

12| **고개지**(顧愷之, 346~407): 동진(東晉)의 문인, 화가. 자는 장강(長康). 육조(六朝)의 삼대가(三大家) 가운데 한 사람으로, 초상화와 옛 인물을 잘 그렸으며, 대상이 지니고 있는 생명 또는 정신의 표현을 중시하였다. 작품으로 〈여사잠도(女史箴圖)〉 등이 있다.

13| **육탐미**(陸探微, ?~약 485): 남북조 시대 송나라의 화가. 연속된 아름다운 선을 구사하여 그린 일필화(一筆畵)를 창시하였으며, 고개지, 장승요와 더불어 육조 삼대가(三大家)의 한 사람이다.

14| **장화**(張華, 232~300): 서진(西晉)의 문학자이자 정치가. 자는 무선(茂先). 서진의 의례(儀禮), 헌장(憲章)의 대부분을 초(草)하였다. 저서로 『박물지(博物志)』 10권이 있다.

15| **혜제**(惠帝, 290~306): 서진 왕조의 제2대 황제. 서진을 건국한 사마염(司馬炎)의 아들 사마충(司馬衷)을 말한다.

16| **문제**(文帝, 187~226): 위나라 제1대 황제(220~226 재위). 성은 조(曹), 이름은 비(丕). 문제는 시호이다. 조조(曹操)의 아들로, 후한의 헌제(獻帝)로부터 황제 자리를 물려받아 위나라 왕조를 세운 군주이다. 이때 유비, 손권도 각각 왕위에 올라 촉(蜀), 오(吳)를 세워 중국은 삼국으로 나누어졌다.

17| **조식**(曹植, 192~232): 삼국 시대 위나라의 시인. 자는 자건(子建). 위나라 무제 조조의 아들로, 붓만 들면 곧 문장이 되었다는 '칠보시(七步詩)'의 고사(故事)로 유명하다. 시문집으로 『조자건집』이 있다.

18| **장언원**(張彦遠, 약 815~875): 만당(晩唐)의 중요한 서법가이자 서화 이론가로, 가세가 매우 부유하여 중요한 진품 서화를 많이 접할 수 있었다. 저서로는 『역대명화기(歷代名畵記)』, 『서법요록(書法要錄)』이 있다. 『역대명화기』는 중국 최초의 회화 통사로, 선인의 회화 이론과 역사 저작을 정리하고, 자신의 견해를 덧붙였다.

19| **양**(梁, 502~557) : 502년에 남제(南齊)의 소연(蕭衍)이 건강(建康)을 도읍지로 하여 세운 나라. 불교가 번성하고 육조 문화가 전성기를 이루었으나 후경(侯景)의 난이 일어나 557년에 진(陳)나라에 멸망하였다.

20| **전자건**(展子虔, 약 533~603): 수대(隋代)의 화가. 인물, 수레와 말, 불교화를 잘 그렸다. 〈유춘도(遊春圖)〉는 후대의 모사품이지만 전자건의 기풍을 잘 유지하고 있다고 평가된다. 전자건의 작품을 통해 중국 산수화가 수대에 이르러 이미 기본적으로 공간 처리의 문제가 해결되었음을 알 수 있다.

21| **오도자**(吳道子, 685~785): 당나라의 화가. 자는 도자(道子). 불화(佛畵), 산수화에서 당대(唐代) 제일로 꼽혔으며, 소화(疎畫)의 체(體)라는 서화 일치의 화체를 확립하고 준법(皴法)을 고안하여 동양 회화에 큰 영향을 끼쳤다.

22| **육조**(六朝, 220~589): 후한(後漢)이 멸망한 뒤 수나라가 통일할 때까지 양자강(揚子江) 남쪽에 있었던 여섯 왕조. 오(吳), 동진(東晉), 송(宋), 제(齊), 양(梁), 진(陳)을 이른다.

23| **사혁**(謝赫, 479~502): 중국 남제(南齊) 말엽의 화가. 섬세한 필치의 인물화에 뛰어났으며, 그의 저서 『고화품록(古畵品錄)』은 후세의 화론(畵論)에 큰 영향을 주었다.

24| **탕**(湯): B.C. 18세기경에 활동한 중국의 황제. 하(夏)나라를 멸망시키고 상(商), 즉 은(殷)나라를 세운 인물로, 신분이 높은 가문의 후예였던 것으로 추정된다. 전설에 의하면 신화적 인물인 황제(皇帝)의 후예라고도 한다.

25| **조길**(趙佶, 1082~1135): 북송의 제8대 황제 휘종(徽宗, 1101~1125 재위). 북송의 멸망을 초래하여 정치가로서는 실패한 인물. 그러나 서화에서 타고난 재능을 보였을 뿐 아니라 중국 문화사에 많은 기여를 하였다.

26 **건륭**(乾隆, 1711~1799): 청나라의 전성기를 주도한 제6대 황제(1736~1795 재위). 정치적 능력 외에도 기본 자질이 매우 뛰어나 사회 전반에 많은 관심을 기울였다. 생전에 『사고전서(四庫全書)』를 완성했고 선교사와 유럽의 문화를 받아들이기도 하였다.

27 **염립본**(閻立本, ?~673): 당대(唐代) 초기에 활동했던 인물화의 대가. 그의 대표작으로 〈제왕도권帝王圖卷〉이 있는데, 정교하고 치밀하게 인물화를 그린 것으로 평가된다.

28 **광무제**(光武帝, 약 B.C. 6~A.D. 57): 후한(後漢)의 제1대 황제(25~57 재위). 본명은 유수(劉秀), 자는 문숙(文叔). 왕망의 군대를 무찔러 한나라를 다시 일으키고 낙양에 도읍하였다.

29 **손권**(孫權, 182~252): 삼국 시대 오나라의 초대 황제(222~252 재위). 자는 중모(仲謀). 손견(孫堅)의 아들로 유비와 더불어 조조를 적벽에서 무찌르고 위와 제휴하여 제위에 올랐다. 연호를 황룡(黃龍)이라 하고, 도읍을 건업(建業)으로 옮겨서 중국 남방 강소(江蘇) 일대를 다스렸다.

30 **사마염**(司馬炎, 236~290): 서진(西晉)의 제1대 황제(265~290 재위). 자는 안세(安世), 시호는 무제(武帝), 묘호(廟號)는 세조(世祖). 위나라 원제(元帝)에게 선위(禪位)의 형식으로 제위를 빼앗아 진(晉)을 세우고 낙양(洛陽)에 도읍하였다. 280년에 오나라를 쳐서 중국을 통일하였다.

31 **후주**(后主): 남북조 시대 진(陳)나라의 마지막 황제(583~587 재위). 후주는 정치를 등한시하고 사치와 방종을 일삼아 나라를 크게 피폐하게 만들었다. 결국 589년 문제 양견에 의해 진은 멸망한다.

32 **양제**(煬帝, 569~618): 수나라의 제2대 황제(605~616 재위). 성은 양(楊), 이름은 광(廣). 대운하(大運河)를 비롯한 토목 공사를 크게 일으켰고, 대군을 보내어 고구려를 침입하였다가 을지문덕에게 패배하였다.

33 **장안**(長安): 지금의 서안. 서주 시대부터 당나라까지 11개 왕조의 수도로, 명나라 때에 지금의 서안으로 이름을 바꾸었다. 한나라 때의 장안은 지금의 서안에서 북쪽으로 5km 정도 떨어진 곳에 있었으며, 비단길의 출발점이었다.

34 **태종**(太宗, 598~649): 중국 당나라 제2대 황제(629~649 재위). 성은 이(李), 휘는 세민(世民). 당(唐) 고조(高祖) 이연(李淵)의 둘째 아들로 당나라를 수립하고 군웅을 평정하여 중국을 통일하였다. 이민족을 제압하고 공정한 정치로 후세 제왕의 모범이 되었으며 『오경정의(五經正義)』를 편찬하도록 하였다. 그는 중국 역대 황제 중 최고의 성군으로 일컬어지며, 그의 통치 시기를 '정관(貞觀)의 치(治)'라고 한다.

35 **미불**(米芾, 1050~1107): 북송(北宋) 때의 서화가. 자는 원장(元章), 호는 해악(海嶽). 글씨는 왕희지의 서풍을 이었으며, 채양, 소식, 황정견 등과 함께 송나라 사대가(四大家)의 한 사람으로 꼽힌다. 그림으로는 선을 사용하지 않고 먹의 번짐과 농담(濃淡)만으로 그리는 미법 산수를 창시하였다. 저서로는 『화사(畵史)』, 『서사(書史)』 등이 있다.

36 **장훤**(張萱): 당나라의 화가. 귀족들이 놀며 즐기는 모양을 잘 그렸으며, 특히 부녀자를 그리는 데 뛰어나 미인화(美人畵)의 제일인자로 꼽힌다. 작품에 〈도련도(搗練圖)〉, 〈호복미인도(胡服美人圖)〉가 있다. 주요 예술 활동은 713~755년에 집중된다.

37 **주방**(周昉): 그의 초기 활동 관련 자료는 766~779년에, 후기 활동은 대략 785~804년에 기재되어 있다. 그는 장훤과 함께 당나라 2대 화가로 꼽힌다. 궁정 인물화, 특히 사녀도(仕女圖)에 능했는데 우아하게 차려입고 한가하게 놀이를 즐기는 여인들의 풍만한 모습을 즐겨 그렸다.

38 **현종**(玄宗, 685~762): 당나라 제6대 황제(712~756 재위). 성은 이(李), 이름은 융기(隆基). 시호는 명황(明皇), 무황(武皇). 초년에 정사(政事)를 바로잡아 '개원(開元)의 치(治)'라고 불리는 성당(盛唐) 시대를 이루었으나, 만년에 양귀비(楊貴妃)를 총애하고 간신에게 정치를 맡겨 안녹산의 난을 초래하였다.

39 **조패**(曹覇): 당나라의 화가. 713~741년간 그림으로 이름을 알렸는데, 한간과 함께 말 그림을 잘 그린 화가로 꼽힌다.

40 **한간**(韓幹, 701~761): 당나라의 화가. 궁정 화가로서 태상부승이 되었으며, 인물화와 초상화에 뛰어났고 특히 말 그림을 잘 그렸다. 그의 〈목마도(牧馬圖)〉, 〈조야백(照夜白)〉은 당대 그림 중 뛰어난 작품으로 평가된다.

41 **경조**(京兆): 지금의 서안(西安)

42 **왕유**(王維, 701~761): 당나라의 시인, 화가. 자는 마힐(摩詰). 벼슬은 상서우승(尙書右丞)에 이르렀고, 작품으로 시집 『왕우승집(王右丞集)』이 있다. 17세기의 화가이자 문인인 동기창(董基昌)은 그의 화론서에서 왕유를 남종화(南宗畵)의 시조로 규정하였다.

43 **한황**(韓滉, 723~787): 중국 당나라 때의 화가이자 정치가. 서예와 그림에 뛰어났으며, 인물화와 농촌 풍속화를 잘 그렸다. 특히 소나 양 등의 동물을 그리는 데 뛰어났으며, 그의 명작 〈오우도(五牛圖)〉에는 사물에 대한 뛰어난 관찰력과 표현력이 잘 나타나있다.

44 **소식**(蘇軾, 1037~1101): 북송의 문인. 자는 자첨(子瞻), 호는 동파(東坡). 당송 팔대가의 한 사람으로, 구법파(舊法派)의 대표자이며 서화에도 능하였다. 작품에 〈적벽부〉, 저서에 『동파전집(東坡全集)』 등이 있다.

45 **유마힐**(維摩詰): 석가모니의 재가 제자. 비록 세속에 살았지만 대승 불교의 교리에 정통하고 수행이 깊었다고 한다.

46 **이사훈**(李思訓, 651~716): 당나라의 화가. 자는 건견(建見). 좌무위(左武衛) 대장군이 되어 대리장군(大李將軍)으로 불렸다. 금벽(金碧)과 농채(濃彩)로 세밀한 화풍의 귀족적인 산수화를 잘 그렸다. 아들 이소도와 함께 금벽 산수, 북종화의 시조로 추앙되었다.

47 **장욱**(張旭): 당나라의 서예가. 자는 백고(伯高). 초서에 뛰어나 초성(草聖)이라 일컬어졌는데, 왕희지의 권위를 인정하지 않아 그의 초서를 광초(狂草)라 하였다. 음중팔선(飮中八仙)의 한 사람으로 꼽힌다.

48 **하지장**(賀知章, 약 659~744): 당나라 시인. 자는 계진(季眞), 유마(維摩), 호는 사명광객(四明狂客). 태상박사를 거쳐 비서감 등을 지냈고, 시인 이백의 발견자로 알려졌으며 풍류인으로 유명하다.

49 **관휴**(貫休): 당나라 시대 승려 화가로, 나한(깨달음을 얻은 불교의 성인) 그림으로 유명하다.

50 **북조**(北朝, 386~581): 남북조 시대에 중국의 북부를 지배한 북위(北魏), 서위(西魏), 동위(東魏), 북제(北齊), 북주(北周)의 다섯 왕조를 통틀어 이르던 말이다.

51 **장승요**(張僧繇): 남조 양(梁)나라의 궁정 화가. 도교와 불교의 인물화에 뛰어나 사원의 벽화를 많이 그렸으며, 감각적인 미를 표현하고 서양 화법의 영향을 받은 요철화(凹凸花)를 창시하였다. 주로 502~549년에 활약하였다.

52 **주경현**(朱景玄): 당나라 시대 806~835년에 활동한 회화 비평가. 그의 저서 『당조명화록(唐朝名畵錄)』은 중국 최초의 회화 단대사(斷代史)로, 장언원은 서문에서 '보지 않은 것은 기록하지 않았고, 본 것은 반드시 기록하였다'고 언급할 정도로 작품의 예술적 성취도를 기준으로 진지하고 엄정한 태도로 당대 120여 명 화가의 그림에 대해 평가하였다.

제2장 • 돈황 예술(敦煌藝術)

운강(雲岡) 석굴 제12굴은 속칭 '음악굴(音樂窟)'로 칭해지는데, 악무 장면은 석가모니가 득도한 것에 대한 축하를 표현한 것이다.

불교의 중국 전래

불교는 인도에서 기원한 것으로, 불교 미술 또한 북쪽으로는 중앙아시아 및 중국, 한국, 일본으로 전래되었고, 남쪽으로는 동남아시아로 전파되어 각기 다른 모습으로 발전하였다. 불교가 중국 내륙으로 전파된 시기는 1세기경으로, 3세기를 전후하여 중역 불경이 처음 전파됨에 따라 불교 교의는 중국 윤리와 종교 사상을 결합시켰으며 불교 제재의 미술 활동도 점차 성행하게 되었다. 『위서(魏書) · 석노지(釋老志)』에는 '낙양에 백마사(白馬寺)를 짓고 불교 그림으로 풍성하게 장식하였는데, 그림이 매우 세심하고 동서남북 사방식(四方式)이다'라고 쓰여 있다. 또한 '한 명제(明帝)는 화공에게 불상을 그리게 하고 청량탑(淸涼塔)과 현절릉(顯節陵) 위에 설치하게 하였다'라고 기록하였다. 이러한 사실이 증명하듯 중국인이 불상을 그린 시기는 불교가 중국에 전파된 역사와 동일하다. 불교와 불교 예술은 중국 고대 성현 사상 다음으로 중요한 예술적 영감의 원천이 되었다.

불교가 중국에 전파되던 초기, 중국 사회는 정치적 동요가 지속되어 국토는 분열되고 전란은 끊이지 않았으며 왕조는 빈번하게 교차되었다. 세속 봉건 지주의 통치는 극도로 부패하고 민중의 고난은 더

좌 용문(龍門) 석굴 악기 조상

우 용문 석굴 봉선사(奉先寺) 루사나대불 조상 높이 17.14m

* **變相故事**: 변상에 그려진 불경 이야기. 변상이란 경전의 내용이나 교리, 부처의 생애 등을 형상화한 그림을 일컫는다.

욱 심해졌다. 기존의 유가의 명분은 힘을 잃고 현학 사상이 성행하였다. 여기에 불교까지 중국에 전래되자 중국 역사상 또 한 차례 사상적 비약이 이루어졌다. 불교가 중국에 신속하고 광범위하게 퍼져 남방과 북방에 사찰이 만들어지고 석굴이 지어지면서, 사찰, 불탑과 석탑이 10,000개를 넘을 정도로 전례 없이 흥성하였다. 불교 사상과 신앙에 근거를 둔 불교 예술은 불교가 가진 특유의 우상 숭배와 예식에 복종하며 교화 활동이나 집단생활의 필요에 따라 생겨났다. 불교는 석상을 중시하였기 때문에 중국에서는 '상교(像敎)'라고도 한다. 불교 회화는 주로 부처, 보살 등의 형상, 설법도 및 각종 불전(佛傳), 본생, 변상고사(變相故事)*를 제재로 한다. 불교는 본래 조형 예술을 중시하지 않는 실천적 종교인데, 불교의 시조 석가모니가 열반의 경지에 이른 후 신도들이 석가모니의 유물을 숭배하게 되었고, 특히 부처의 사리와 불탑을 숭배하여 불교도는 불탑 건설과 장식을 중심으로 불교 조형 예술을 시작하였다. 중국의 대표적인 불교 미술은 석굴 예술이다.

신강(新疆) 삼선동(三仙洞)과 키질 케이브즈(Kizil Caves) 석굴은 3세기경이나 그보다 전에 세워진 것으로 추정되며 중국 최초로 세워진 불교 석굴이다. 현존하는 것으로 비교적 완정된 대형 석굴로는 감숙(甘肅) 돈황 막고굴이 대표적이다. 이들 석굴들은 외래적인 불교 미술이 중국화되어 가는 전변기에 중요한 작용을 하였으며, 중국 대부분의 불교 석굴은 이를 기점으로 전국적으로 확산되어 갔다. 비교적 중요한 석굴로 감숙 병령사(炳靈寺) 석굴, 맥적산(麥積山) 석굴, 산서(山西) 운강 석굴, 천룡산(天龍山) 석굴, 하남 용문 석굴, 공현(鞏縣) 석굴, 하북(河北) 향당산(響堂山) 석굴, 사천 대족(大足) 석굴, 운남(雲南) 검천(劍川) 석굴 등이 있다. 불교 예술의 중국 본토화는 오랜 과정을 거친 후 수당 시기에 완성되지만 중국 불교 회화의 걸작은 대부분 그 변천 과정 중에 생겨났다. 다시 말해 성당 시기 중국 불교 예술이 정신과 형식의 통일을 이루었다고 한다면, 위대한 작품들은 오히려 수당 시기 이

운강 석굴 제10굴. 꼭대기 부분은 비천군(飛天群) 조각

운강 석굴 제20굴 석가모니 좌상. 높이 13.7m

전에 완성된 것이다.

북위(北魏)[1] 통치자는 불교를 국교로 바꾸는 등 황실에서 서민에 이르기까지 불교에 대해 대단한 종교적 열정을 보여주었다. 중국에서 가장 중요한 불교 석굴도 모두 이 시기에 이루어졌는데, 그중 병령사 석굴, 운강 석굴, 맥적산 석굴의 조소와 회화가 대체적으로 모두 완성되었고, 돈황 막고굴 회화의 일부 화려한 그림도 이 시기에 완성되어 북위 불교 예술의 성과는 거의 성당 시기에 견줄 만하다. 이 시기 불교 회화 제재는 불타, 보살의 생애 업적을 서술한 '본생 고사(本生故事)' 위주로, 희생과 고행을 강조하는 등 종교적 의미가 농후하다. 형식상 북위 불교 석굴의 회화와 조소는 혼융일체가 되어 표현되었는데, 즉 벽화와 채색 부조가 서로 잘 어우러지고 조형이 소박하고 우아하다. 또한 인도 탄트라 예술의 특징을 여전히 확인할 수 있는

돈황 막고굴 제259굴은 384~534년 동안 만들어졌으며, 이 사진은 석굴 내 채색 소조 불상으로 막고굴 초기 조소를 대표한다.

좌 돈황 장경동(藏經洞)에서 출토된 관음(觀音) 비단 그림 (파리 기메 미술관 소장)

우 돈황 장경동에서 출토된 지장보살(地藏菩薩) 비단 그림 (파리 기메 미술관 소장)

기하학적 간결한 힘을 가지고 있는데, 이러한 표현 방법은 현대 예술가에게 여전히 커다란 흡인력을 가진다.

북위의 진지하고 소박함은 수당 시기에 이르러 화려한 기풍으로 대체되고 인도 등의 조형적 요소는 점차 상실되고 철저히 중국화되었다. 이는 민족의식과 유가 사상의 회귀를 나타내는 것이다. 당대 국력과 민족적 자신감이 절정에 이르렀던 시기, 장인들은 상상과 현실을 서로 결합하여 거대하고 질서 정연하며 열정적 분위기와 화려한 화면으로 〈서방정토변(西方淨土變)〉, 〈법화경변(法華經變)〉 등 불국(佛國), 즉 '극락세계(極樂世界)*'의 화려함과 지락경관(至樂景觀)**을 드러냈다. '경변(經變)***'은 당대 불교 회화의 중요한 주제가 되었으며, 불화의 중국 본토화는 세속적 요인의 증가로 더욱 신속히 추진되었다. 성당 시기 경변의 벽화들은 장엄하고 화려하며 장대한 기상을 표현한 동시에 세속적인 취향과 세부적인 일상의 모습도 함께 표현하였다. 염립본의 제왕화, 장훤 등의 기라 인물화와 오도자의 작품에서 나

* **極樂世界**: 불교의 이상적인 세계

** **至樂景觀**: 극락세계의 지극한 즐거움이 가득한 경관

*** **經變**: 불경에 의거하여 제작한 그림

돈황 장경동에서 출토된 경권화(經卷畵)*(파리 국립도서관 소장)

타난 당대 회화의 일반적인 특징을 같은 시기의 사찰이나 석굴 벽화에서도 찾을 수 있다. 즉 종교 중의 지존 인물이 세속 세계의 제왕, 황후와 똑같이 묘사되었고, 많은 경변의 장면도 현실 장면을 과장하거나 시적으로 재현하고 있다.

남북조(南北朝)[2] 시기의 비교적 소박하고 거친 표현 형식에 비교해 볼 때, 당대 경변 회화에 나타난 기교는 더욱 정련되었으며 예술적인 상상력으로 가득하다. 당대 장인들은 상층에 있었던 관방 화가들에게서 이러한 기교들을 배웠다. 일부 궁정 화가들은 이러한 종교적인 작업에 직접 참여하며, 그들이 가진 학문적 수양, 기법과 취미를 변경 주제의 벽화 창작으로 옮겨왔다.

수당 시대 벽화에 대해 맥적산 석굴과 돈황 막고굴 벽화를 예로 들어 살펴보자. 이 시기 벽화는 색채가 화려하고 변화가 풍부하며, 구성

* 經卷畵: 경문을 그린 그림

돈황 장경동에서 출토된 경권화(파리 국립도서관 소장)

은 복잡하다. 인물 형상은 그 시대의 귀족 남녀를 모델로 삼아, 현실 사회의 부유한 풍모를 지닌 단정하고 화려한 모습으로 그려졌다.

부처 앞에서 악기를 연주하고 모습이나 진열되어 있는 악기는 인도 아잔타 벽화와 비교해도 손색이 없으며 오히려 뛰어나다. 서방 극락 세계의 아름다움을 그린 정토변상(淨土變相)에서는 화려한 물질적인 모습으로 환상적인 경계가 묘사되어 있다. 예를 들어 채회(彩繪)* 칠보누대(七寶樓臺)**, 향화기악(香花伎樂)***, 연지수조(蓮池樹鳥)**** 등으로 서방 극락 세계를 매우 아름답고 장식적으로 표현하였다. 이는 출가 후 득도를 하기 위해 고행을 하며 금욕적인 태도를 보여주었던 이전 벽화 내용과 극명한 대조를 보인다. 부처, 보살, 불법을 지키는 천신인 제천(諸天), 불교의 수호신인 역사(力士) 등의 형상은 대부분 건장하고 튼실하며 체구가 크고 훤칠하며, 얼굴에는 윤기가 흐르고 태

* **彩繪**: 기물(器物) 위에 그린 그림

** **七寶樓臺**: 채색된 칠보로 만들어진 칠층탑

*** **香花伎樂**: 연꽃과 음악가들

**** **蓮池樹鳥**: 연못, 나무, 새

돈황 장경동에서 출토된 당대 비단 그림. 보살이 세속의 부녀자 망령을 인도하는 모습을 그리고 있다.

도가 당당하게 표현되는 등 당나라인의 현실적인 심미안이 반영되었다. 벽화 제작자들은 거대하고 복잡한 장면에 대한 공간 처리 능력이 뛰어나 정자와 누각으로 화면의 깊이를 표현하였고, 부드럽고 변화무쌍한 선으로 천상과 세속의 다양한 인물을 묘사하였다. 일부 불화에는 세속적인 사회생활 모습이 다양하게 그려져 있는데, 밝고 낙관적이며 정취가 가득하다.

장언원의 『역대명화기』에 기재된 내용에 따르면, 위진 남북조에서 성당 시기 가장 중요한 화가 조중달, 고개지, 육탐미, 장승요, 오도자 등이 모두 불화로 천하에 이름을 크게 떨쳤다. 이들은 불교 회화에 종사함으로써 커다란 명성을 얻었을 뿐 아니라 예술적 사유와 상상력 또한 크게 풍부해졌다. 남북조 후기에는 장승요가 큰 영향력을 미쳤다. 그의 필법은 간련(簡練)*하여, 『역대명화기』에서 '붓으로 한두 번 그었는데도 형상을 다 그린 것 같다. 제재에 따라 취하고 지금과 옛것이 독립되었고 인물의 묘함을 그리고 있다. 장승요가 사람의 육체를 얻었다면, 육탐미는 골기를 얻었으며, 고개지는 정신을 얻었다'라고 평가하였다. 수당 이전에 장승요가 중국 불교 회화를 개척하고 이끈 화가라면, 조중달은 당대 성행한 회화 양식 중의 하나인 '조가 양식'을 창립하였다. 위진 시대 특징은 의복이 몸에 딱 맞고 폭이 좁았는데, 대체로 인도 굽타 조각에서 이와 비슷한 기풍이 많이 보인다. 후에 오도자가 중국 전통 기풍과 결합하여 창립한 '오가 양식'과 함께 거론된다. '조중달의 그림은 마치 물에서 나온 듯하고 오도자의 그림은 바람에 나부끼는 듯하다(曹衣出水, 吳帶當風)'는 바로 이들 회화를 개괄하는 비평이다. 조중달 원작 그림은 대부분 유실되었지만 녹야원(鹿野苑)에 소장된 옷이 몸에 젖은 듯 밀착된 석가모니 입상에서 그의 기풍을 상상해볼 수 있다. 반면 오도자가 그린 허리띠를 넉넉하게 두르고 표표히 신선이 되려는 모습은 돈황 벽화 속에서도 볼 수 있다.

지락경계에 대한 정성을 다한 선염(渲染)**은 전대미문의 아름다

* **簡練**: 간결함

** **渲染**: 바림, 즉 색깔을 칠할 때 한쪽을 짙게 하고 다른 쪽으로 갈수록 차츰 엷게 나타나도록 하는 것을 말한다.

운 경관을 만들었다. 찬란함이 절정에 달할수록 위기도 함께 수반하듯, 과도한 심미 의식과 향락주의는 종교 정신의 해체를 가져와 본래 불교 미술이 가졌던 의미를 퇴색시켰다. 이후 불교 교의 자체가 중국화됨에 따라 불교 회화는 두 가지 방향으로 전개되었다. 하나는 정숙하고 내면적인 그림으로 점차 돌아갔고, 다른 하나는 종교적인 내용은 상실한 채 표면적으로 더욱 종교적인 색채를 띄는 방식으로 변모해갔다. 돈황 이후 석굴 벽화, 소조로 대표되던 찬란했던 불교 미술은 송대에 들어와 급속하게 몰락하게 되었다.

돈황(敦煌) 막고굴(莫高窟)

돈황 지역은 중국 서부 변방의 황원에 위치하고 전통적으로 실크로드의 요충지로, 대외 문화 교류와 인적 왕래에 중요한 교두보 역할을 담당하였다. 막고굴은 감숙 돈황 동남(東南) 명사산(名沙山)과 삼위산(三危山) 사이 탕천하(宕泉下) 절벽에 있고 남북 길이가 1,618m이다. 막고굴은 366년에 짓기 시작했는데, 기록에 따르면 법명이 낙존(樂尊)인 승려가 삼위산 금광만도(金光萬道)를 보고 그 형상이 천불과 같다고 느껴 절벽에 석굴을 창건하였다고 한다. 이후 재건을 계속하여 높이 15~30m의 절벽에 현재 동굴 750여 개가 지어졌고, 벽화 40,000~50,000m^2, 채색 소조 3,000여 구, 나무로 만들어진 석굴 처마 5좌가 있다. 이는 세계적으로 규모가 가장 크고 가장 완전하게 보존된 불교 예술이다.

돈황 막고굴 문물은 건축, 채색 소조, 벽화, 서적 네 부분으로 구성되어 있는데, 그중 석굴 예술은 건축, 소조, 회화가 결합된 전형적인 불교 예술 형식이다. 북위, 서위(西魏)[3] 시기 채색 소조와 회화는 초기 돈황의 최고 성과를 대표한다. 이 시기에 지어진 동굴 내 36개 벽화는 각 석굴의 네 벽, 천장, 탑 기둥에 분포되어 있다. 일부 순수 장식

좌 수대에 지어진 돈황 막고굴 제423굴. 벽화 외에 〈막고굴기〉 제문이 있다.

우 돈황 막고굴 제217굴. 성당 시기에 개착하였다. 이 사진은 석굴 내 〈관무량수경변〉 벽화

성 벽화를 제외한 나머지 벽화의 주요 제재는 줄거리 구조를 가진 불전 고사, 불본생(佛本生) 고사*, 인연 고사**를 포함하는데, 보살(菩薩), 비천(飛天), 기악인(伎樂人), 약차(藥叉)*** 등의 형상이 많이 그려져 있다. 그중 제254굴 〈살타나태자사신사호(薩埵那太子舍身飼虎)〉, 제285굴 〈오백강도성불고사(五百强盜成佛故事)〉, 제249굴 〈설법도(說法圖)〉, 제257굴 〈녹왕본생도(鹿王本生圖)〉, 제290굴 〈불전 고사〉 등은 그림이 정교하며 구조가 치밀하다. 구상이 매우 독창적이어서 역대 예술사가들에 의해 고도의 예술성을 지녔다는 평가를 받았다.

이 시기 돈황 벽화에는 제재에서 표현 방법에 이르기까지 인도 문화의 흔적이 뚜렷하게 남아있다. 불전 고사와 본생 고사는 불교 경전에서 유래하는데, 동일한 벽화와 주제가 인도 본토의 석굴에서도 보인다. 벽화 예술의 초기 단계에서 인도에서 전래된 이미지와 형상은 불교의 정신적 화신으로 중국에 수용되었다. 예를 들어 부처와 여러 신들의 반나신 형상이 지니는 상징적 자태는 인도의 회화 형식을 변형 없이 그대로 계승하였다. '인도 채색법(天竺暈染法)'은 입체감을 주기 위해 간략한 명암을 사용하여 표현한 것으로, 인도 전통 회화 기법을 차용하였다. 전통적인 자태와 반나신상은 불교 교리를 전달하

* 석가의 전생 이야기

** 부처가 중생을 불문(佛門)으로 이끈 이야기

*** **藥叉**: 불교의 마귀를 지칭

돈황 장경동에서 출토된 복희 (伏羲) 여와(女媧) 비단 그림 (파리 기메 미술관 소장)

기 위한 것으로 인식되어 어떠한 변경 없이 그대로 차용되었다. 하지만 구체적인 묘사에서는 화공 나름의 고유한 경험과 안목에 의존하였다. 예를 들어 수렵 장면의 묘사는 한층 더 중국 전통 회화 방식으로 표현하였다. 그들이 의도한 바는 아니지만 불교 벽화에서 의복과 신체 같은 모습을 더욱 자각적으로 변화시켰다. 기악인, 비천 형상에서 비교적 중요하지 않은 보살에 이르기까지 모든 형상의 복장을 중국식과 인도식 반반씩 혼합하여 처리하였다. 전체적으로 북위 시기 이역에서 온 신에 대한 경외 때문에, 화공은 현실적인 소재에 불교 도식을 넣으려는 시도를 억제하였으며, 벽화 형상은 대부분 간략하고 개념화된 특징을 가졌다. 그 결과 그림은 강렬한 장식 효과를 가지게 되었다.

아잔타 석굴에 나타난 인도의 불교 벽화에는 오락 장면과 음주 연회, 신통유희(神通遊戲)가 많이 나타난다. 모든 보살 형상은 다양한 자태와 선명한 색채를 띠며 화려하게 장식된 옷을 입고 있다. '항마변(降魔變)*'과 같은 제재도 오히려 연극적인 장면과 같이 배치하여 두려움이 느껴지지 않는다. 이와는 반대로 돈황 북위 벽화에서는 공포스러운 음산한 숲, 고행을 둘러싼 이야기, 예를 들어 몸을 던져 호랑이

* **降魔變**: 도를 깨치려 할 때 이를 방해하던 악마를 석가가 항복하게 만든 이야기를 그린 그림

돈황 막고굴 제296굴. 석굴 내 벽화는 557~581년에 그려졌고, 상하 두 층으로 나누어 실크로드 상인들의 행렬을 표현하였다.

먹이가 되거나 강도가 눈을 파는 등의 이야기를 그렸다. 그림의 선과 색채가 거칠고 강렬하며, 온화함과 친절함은 찾아볼 수 없다.

막고굴 제249, 257굴 벽화에 그려진 춤추는 듯한 불꽃은 뜨거운 열정을 발산하고 있고, 괴테의 기독교 회화를 연상시키며 부처, 보살, 비천 등의 형상은 기독교 초기 회화에 나타난 성인과 천사를 바로 떠올리게 한다. 사실상 이러한 형상은 고대 백화 및 한대 화상전 예술을 계승한 것으로, 고개지의 작품에서도 찾아볼 수 있다. 전통적인 방법, 예를 들어 날아오르는 비단 허리띠, 어지러이 날리는 꽃 등의 중국식 장식으로 인도식 체형 위에 표현하였으며, 장엄하고 적막한 장면에 하늘을 떠다니는 구름을 그려 넣어 풍부하고 신비하게 표현하였다. 여러 곳에 그려진 〈수렵도(狩獵圖)〉, 〈녹왕본생도〉는 불경 고사 속의 이야기와 한대 화상전의 사냥 도안을 하나로 결합하였고, 사람과 동물에 대한 상상적인 표현 형식을 통해 불교 이야기 속의 암시적 의미를 적절하게 전달하였다. 경치 장면 중 산과 나무는 막고굴 지역에서 나오는 현실적인 소재, 즉 붉은 점토를 사용하고 그 위에 금은색을 더하였는데, 이는 한대 금은상감 공예품(錯金銀工藝品), 칠기(漆器) 및 묘실 회화에서 자주 사용하던 기법이다.

돈황 막고굴 제194굴 당대 채색 소조. 보살 용모가 동그랗고 윤기가 있고 자태가 풍만하며 얇고 가벼운 비단 옷을 걸치고 있어 당대 사회의 심미 취향을 체현하였다.

제254굴 〈항마변〉에는 석가모니가 중앙에 정좌하고 있으며, 마왕 파순(波旬)이 그 무릎 옆에 앉아있고, 무릎 아래에는 마왕의 세 딸 가애락(加愛樂), 능락인(能樂人), 욕염인(欲染人)과 기타 마왕의 무리가 그려져 있다. 이 그림은 부처가 색욕의 유혹과 무력을 정복했음을 상징하고 있다. 부처가 고요히 명상에 들어가고 마왕은 자신의 마법이 효력을 잃자 천지가 흔들리고 기절한다. 마왕의 세 딸은 추한 노파로 변하고 마왕 무리는 산산이 흩어진다. 벽화에서는 진솔하고 비교적 질박한 표현 방식을 채용하여 움직임과 정지를 대비하는 방식을 써서, 부처의 위대하고 장엄하며 자상한 모습을 산이 무너지고 땅이 갈라지며 마귀들이 난무하는 장면과 함께 배치하였다. 화가는 전통적

돈황 막고굴 제384호 채색 소조 공양보살상. 성당 시기 제작

이고 세속화된 정서는 접어두고, 강렬한 종교성과 전율을 느끼게 하는 처참한 장면을 그렸다. 북위의 일부 불교 회화는 다른 중국 고대 미술 작품에 비해 더욱 이채롭고 이질적인 요소가 많은데, 이러한 경향은 이후 수대, 당대 시기에 이르러 변화된다.

수대, 당대 시기에 그려진 막고굴 벽화에서는 희생, 수양, 각성을 강조한 불전과 본생 고사 및 정토변상, 경변, 부처 보살 등의 초상 등이 집중적으로 표현되어 있다. 내용이 과거에 비해 더욱 풍부해지고 색채도 아름다워지고 표현하는 경계도 더욱 넓어졌다. 당시 불교 정토종(淨土宗)이 유행하여, 정토변상이 대략 228개 벽화에 그려져 벽화 중에서 가장 많이 표현되었다. 기타 악사정토변상(樂士淨土變相), 보은경변상(報恩經變相) 등에서도 정토변상을 주요하게 다루었다. 막고굴은 당대 벽화와 채색 소조 동굴이 207개에 달하는데, 초당, 성당, 중당(中唐), 만당(晩唐) 네 시기로 구분된다. 초당 시기 제220굴은 정관 16년(642)에 만들었고, 성당 시기 제335굴은 수공(垂拱) 2년(686)에 만

돈황 장경에서 출토된 비단 그림(런던 브리튼 박물관 소장)

들었으며 제130굴과 제172굴은 개원, 천보 연간에 만들었다. 중당 시기 제112굴, 만당의 제156굴 등에 뛰어난 작품이 들어있어서, 당대 불교 미술을 대표한다고 할 수 있겠다.

수대, 당대 벽화는 형상 면에서 북위 시기 전형적인 기호화된 형상에서 벗어나 전체 얼굴을 표현하기 시작하였다. 예를 들면 제103굴의 〈유마힐상(維摩詰像)〉에 그려진 인물은 수염과 눈썹이 힘차게 뻗어 있고, 눈빛은 형형하게 빛나는, 예지가 번뜩이는 모습을 하고 있다. 이국적인 특징은 거의 없고 행동이나 복장 모두 중국인의 모습으로 표현되어 있다. 제285굴 서위 벽화 중 시녀 모습은 고개지의 화풍과 매우 비슷하게 그려졌고, 제220굴 벽면의 제왕상은 염립본의 〈역대제왕도〉와 거의 동일한 수법으로 그려졌다. 정토변상에서는 풍부한 물질세계의 모습으로 불교 교리에서 약속한 이상적인 유토피아를 그리고 있다. 그중 수렵, 연회, 수레, 뱃놀이, 백희, 가무, 경운, 사육, 상업, 의료 등의 여러 가지 모습이 현실에 의거하여 그려져, 당대 사회생활을 묘사하고 있다.

돈황 막고굴 제285굴 보살군상 벽화. 535~556년에 그려졌다.

미술사가들은 당대를 중국 산수화가 정형화된 시기로 보고 있다. 하지만 그것을 증명하기에는 남아 있는 당대 회화의 진적이 매우 적다. 이런 까닭에 돈황 막고굴 벽화 속의 산수화가 동시기 산수화 면모를 추정할 수 있는 가장 믿을 만한 근거가 되고 있다. 이 시기 벽화에 많이 그려진 산수는 울창한 숲과 깎아지른 절벽이 있는 야성적 모습이며, 소나무 숲과 폭포로 장식되어 있고 산속을 뛰어다니는 들짐승도 그려져 있다.

막고굴 제158, 159, 217, 220굴에서는 동일한 주제의 벽화 판본인 〈서방정토변〉이 그려져 있는데, 부처가 서방 정토 세계의 중심인 연화좌에 앉아 있다. 부처 좌우에 보살, 법을 지키는 나한(羅漢), 천신과 역사가 있고, 공양보살, 여러 신들이 화려한 모습과 늠름한 모습으로 서 있다. 불좌 앞에는 기악인들, 즉 즉흥적인 가무 연기자들이 양측으

청조 황제 건륭이 가사(袈裟)를 입고 있는 그림
(미국 시카고 예술아카데미 소장)

로 나뉘어 연주하고 있다. 불좌 주변에는 칠보지(七寶池) 등 아름다운 경치가 있고, 연못에는 푸른 연줄기가 길게 뻗어있고 연꽃이 활짝 피어있으며 금빛 동물이 물장난을 하고 있다. 또한 금과 은이 땅에 깔려있고, 유리가 반짝이고 천녀(天女)가 꽃을 뿌리며 아이는 무대 앞에서 놀고 있다. 기악 연주나 독무, 이인무가 보는 사람의 눈을 즐겁게 하지만, 부처는 여전히 명상을 하며 정좌하고 있다.

향락과 사치에 젖어 있던 당대 사람들이 초기 불화에서 희생과 고행의 설교를 표방했던 것은 매우 대조적인 일이다. 이에 막고굴 당대 변경(變經) 벽화에서는 변통을 시도하였는데, 〈법화경변〉이 바로 그 좋은 예이다. 『법화경(法華經)』에서는 철저한 득도를 주장했지만, 이러한 목적에 도달하기 위해서는 힘겹고 오랜 수련을 거쳐야 했다. 세인들에게 이러한 득도 과정은 결코 쉽지 않았던 것으로, 대부분 고행을 두려워하여 도중에 포기하였다. 이에 부처는 '방편설법(方便說法)'으로 중생을 인도하는데, 『법화경』은 '화성(化城)'의 고사를 은유하며 신도들에게 깨달음을 주고자 하였다. 이 이야기는 다음과 같다. 보물을 구하러 길을 떠나려면 멀고 긴 험난한 길을 가야만 했다. 오랫동안 길을 떠난 사람들은 피곤을 감당하지 못하고 두려움을 느껴 포기할 생각을 하게 된다. 이때 '도사'가 방편설화*로 누대와 정자, 정원과 숲, 물이 모두 갖추어져 있는 성을 만들었다. 도사는 여기서 사람들에게 휴식을 취하게 한 후 성문으로 들어가고자 했다. 그런데 사람들은 안온함을 느끼게 되자 '득도'했다고 생각하고 앞으로 나가려고 하지 않았다. 도사는 이를 보고 성을 연못으로 만들어, 신도들에게 이곳은 잠깐의 휴식처이니 여기서 만족해서는 안 되며, 계속 힘을 내 전진해야 함께 보물이 있는 곳으로 갈 수 있다고 하였다. 막고굴 제217굴 〈법화경변지화성유품〉에서 이 '화성'을 미묘하고 생동감 있게 표현하였다. 화가는 자신의 상상을 더하여 밝고 광활한 풍경화와 이야기가 충만한 화면으로 표현하였다.

* 불교 교화의 방편으로 구연된 설화

* **宋國婦人**: 장의조의 부인

공양주, 즉 석굴 예술의 조력자에 대한 묘사는 막고굴 당대 벽화의 두드러진 현상으로, 가장 유명한 것은 제156굴의 〈출행도(出行圖)〉이다. 장의조(張議潮)는 만당 시기 돈황 소재지 서북 지구의 정치적 수장이었는데, 〈출행도〉에서는 장의조가 그의 아내와 수렵을 나가는 장면과 개선할 때 성대한 장면이 그려져 있다. 또 다른 그림 〈송국부인(宋國婦人)* 출행도〉에서는 송씨가 백마를 타고 갈 때 시종과 수레와 말이 촘촘히 에워싸고 있는 모습이 그려져 있는데, 한간의 〈목마도〉와 〈야백조도〉에서처럼 기마 모습이 표현되었다. 또한 가무를 하고 있는 무녀와 악대가 그려져 있는데, 특히 잡기와 고악 연주대가 생생하게 그려져 있다. 그중 장대를 타는 장면은 매우 사실적이고 흥미진진하게 그려졌다. 화가가 이처럼 힘을 다해 세속적인 정치적 권위의 사치스럽고 겉치레하는 모습을 묘사한 것은 조력자에 대한 칭송을 나타내는 동시에 당대 사회생활과 불교 신앙의 특색을 반영하고 있다. 막고굴 당대 벽화는 중국화된 불교 예술의 완성을 나타내는 표지일 뿐 아니라 중국 민족의 불교 교의와 중국 전통 회화 형식이 통일된 산물인 것이다. 인물 조형은 북위 시기의 조악하고 개념화된 모습을 극복하고 풍부하고 충실하게 그려졌다. 선과 색채가 정교하게 결합되어 화려하고 훌륭하며 드높은 기세가 분명하고 조화롭게 나타났다. 정관 16년(643)에 완성된 막고굴 제220굴의 초당 벽화는 잘 보존되어 있어 당대 회화 채색의 뛰어난 성과를 짐작하게 한다.

1| **북위**(北魏, 386~534): 남북조 시대 선비(鮮卑)족 탁발부(拓跋部)에 의해 화북에 건국된 왕조. 국호가 위나라였기에 전국 시대 위나라와 삼국 시대 조조의 위나라와 구별하기 위해 북위라고 부른다. 북위는 적극적인 중국 동화 정책을 추진하였으나 반란으로 534년 동위(東魏)와 서위(西魏)로 분열하였다.

2| **남북조**(南北朝, 420~589): 중국에서 강남(江南)의 남조(南朝)와 화북(華北)의 북조(北朝)가 대치하던 5세기 초부터 6세기 말까지의 시기로 수나라가 통일할 때까지 분열이 계속되었다.

3| **서위**(西魏, 535~556): 남북조 시대에 선비족(鮮卑族) 우문태가 535년에 세운 나라. 북위(北魏)의 동서 분열 이후 장안에 도읍하였으나 556년에 북주(北周)에게 멸망하였다.

제3장 • 계산청원(溪山清遠)

* **中鋒**: 행필에서 붓의 끝이 필획의 한가운데를 지나는 것

북방 화가와 남방 화가

장언원은 『역대명화기·논화산수수석』 중에서 '산수의 변화는 오(吳)에서 시작하여 이리(二李)에서 이루어졌다'고 평하였는데, 여기서 '오'는 오도자를 가리키며 '이리'는 당대 왕족 이사훈, 이소도(李昭道)[1] 부자를 가리킨다. 오도자의 산수화 진적은 세상에 전해지지 않았지만, 이사훈, 이소도의 주요 작품은 전해진다. 이사훈의 〈강범누각도(江帆樓閣圖)〉는 강변을 거니는 사람의 모습을 그린 것이다. 강과 하늘은 광활하게 펼쳐져 있으며, 바람에 돛을 단 배가 가물가물 흔들리듯 보인다. 산 아래 숲 속 누각 정원과 물안개가 피어오르는 강물은 돛단배 그림자와 함께 경계가 끝없이 펼쳐진다. 나무의 줄기와 잎은 쌍구전색법(雙鉤塡色法)을 사용했지만, 산 위의 돌은 중봉(中鋒)*의 딱딱한 선으로 윤곽선을 그렸을 뿐 명확한 준법은 사용하지 않았다. 여기서 수나라 화가 전자건의 화법을 이어받았음을 알 수 있고, 그의 수석 경치 그림은 보다 더욱 구체적이어서 사실적인 의미를 가진다. 그는 석청과 석록을 위주로 색채를 칠하고 묵선이 구부러지는 곳에 금가루로 서로 빛이 나는 강렬한 효과를 나타내, 진자전 그림 〈유춘도〉에서 보이는 밝고 화려한 특징을 가지고 있다. 이소도는 '아버지의 화풍을 변화시켜 미묘함이 그를 능가하였다'라고 평가되는데, 그가 그린 〈춘산행려도(春山行旅圖)〉와 〈명황행촉도(明皇幸蜀圖)〉는 모두 비단에 색채를 사용하였고 수직 구도와 좁은 화폭에 광활한 구조를 만들었다. 구름이 몰려들고 산안개 가득 피어오르는 깊은 산골짜기에 흰 구름이 휘감아 지나가고 낭떠러지에 샘물이 흘러간다. 나귀를 끌고 한 사람이 울창한 고목 사이로 난 길을 따라 경치를 감상하며 지나가고 있다. 각각에 저마다의 모습이 있고 하나하나에 화가의 붓끝이 들어가 있어 미묘함이 모두 표현되었다.

기법 면에서 묵선으로 사물의 윤곽을 처리하는 것을 통칭 '구륵(鉤勒)'이라 한다. 중국화의 구륵은 대부분 좌우 혹은 상하 두 방향으로

잇고 색채를 투명하게 하는데, 여기에 밝고 불투명한 광물질 물감을 바르는 것을 '쌍구진색법'이라 한다. 이는 비교적 소박한 기법으로 당, 송 이전 고개지에서 성당 시기에 이르는 화가는 산수, 인물, 화조 등을 막론하고 대부분 이 기법을 사용하였다. 또한 옛날에 법서(法書)를 임모할 때 책의 양옆에 가는 먹선으로 윤곽을 그렸는데, 이를 '쌍구(雙鉤)'라고 한다. 당송 이래 화가들은 산수화에 주력하였는데, 붓의 주봉(主鋒)이나 측봉(側鋒)*으로 그림에 주름을 넣어 칠하는 것을 일러 '준필(皴筆)', '준법'이라 하는데, 이러한 기법으로 산의 돌과 나무껍질의 무늬를 표현하였다. 화가들은 산의 돌, 지질 구조에 따라 필적을 달리하여 다른 준법을 창조하였는데, 이러한 과정을 통해 화가의 기풍이 결정되었다. 예를 들어 거연(巨然)은 피마 준법(披麻皴法)**을 창조하였고, 관동(關仝), 이성(李成)은 직찰 준법(直擦皴法)⁑을 창조하였고, 범관(範寬)은 우점 준법(雨點皴法)⁂을 창조하였다. 피마, 우점 준법의 명칭은 준법의 형상에 따라 관습적으로 이름이 붙여진 것이다.

이소도의 〈명황행촉도〉(55.9×81cm)(대북 고궁 박물관 소장)

당과 북송 사이의 과도기를 역사에서는 오대(五代)[2]라고 칭하는데, 이 시기는 비록 역사적으로 시기는 짧지만 산수화의 지위가 확립된 중요한 시기이다. 이 시기 산수는 우리가 사는 생활 터전일 뿐 아니라 '도'를 전달하는 매개체로 묘사되었다. 형호(荊浩)[3]와 관공은 대표적인 북방 산수화파로 대산대수(大山大水)⁑⁑의 구도를 열었다. 그들은 전경식 산수(全景式山水)⁂⁂를 묘사하여 웅대하고 장엄한 아름다움을 나타냈다. 한편 동원(董源), 거연은 대표적인 강남(江南) 산수화파로, 평담하고 천진한 강남 경치를 잘 표현하였으며 비바람과 명암의 변화를 표현하였다. 전통적인 청록이나 금벽 산수의 인기는 이제 시들해졌다. 문인 화가는 자각적으로 필법과 묵법을 사용하였는데, 한층 성숙된 수묵과 수

* 側鋒: 붓끝을 한쪽으로 치우쳐 용필하는 것

** 披麻皴法: 마의 올이 풀린 것같이 붓 자국을 남기는 기법

⁑ 直擦皴法: 필을 눕혀 누르는 기법

⁂ 雨點皴法: 빗방울처럼 붓 자국을 남기는 기법

⁑⁑ 大山大水: 드넓게 펼쳐진 대자연

⁂⁂ 全景式山水: 파노라마식 산수

하규(夏圭)의 〈계산청원도(溪山淸遠圖)〉(46.5×889.1cm) 두루마리(대북 고궁 박물관 소장)

묵담색의 산수화를 통해 철학적 차원을 나타내기 시작하였다.

형호의 〈광려도〉(185.8×106.8cm) 두루마리(대북 고궁 박물관 소장)

형호는 자가 호연(浩然)으로, 심수(沁水)[4] 사람이다. 당나라 말 태항산(太行山) 홍곡(洪谷)에 은거하며 스스로를 홍곡자(洪谷子)라 불렀다. 그의 그림은 당나라 사람의 용필, 용묵(用墨)의 경험을 총괄하였으며, 〈광려도(匡廬圖)〉에서는 여산의 경치를 그렸는데, 기세가 드높고 구조가 치밀하며 고원법(高遠法)과 평원법(平遠法)을 모두 사용하였다. 이것은 송나라 사람들에 의해 '전경산수(全景山水)'로 칭해졌다. 형호는 평지에서 산꼭대기까지 멀리서 산수의 장엄한 기세를 취하고 가까이에서는 구체적인 세부묘사를 택하는 방식으로 산수를 표현하였다. 또한 산에는 주(主)와 빈(賓)이 있고, 열고 닫힘이 있으며 굽은 곳과 곧은 곳, 나누어짐과 중첩을 함께 그려, 형호의 그림은 산수화의 전범으로 간주될 수 있었다. 그는 삼라만상을 화폭에 모두 담아내기 위해서 두루마리 구도를 채용하고 산수를 가로로 배치하였다. 작품을 아래에서 위로 올려다보면 제재가 차례차례로 높아지게 그렸다. 그림의 하단에는 산록의 경치, 수목, 집, 강, 돌길, 노저어가는 배, 나귀를 끌고 가는 행인이 세밀하게 그려져 있다. 위로는 연이어진 산봉우리, 폭포, 정자, 다리, 수풀이 보이고 산 빛과 산에 안개가 어렴풋하게 피어오르는 모습이 보인다. 산과 봉우리들이 서로 어우러져 있으며 가장 높은 봉우리는 푸른 하늘에 닿을 듯 우뚝 솟아있다. 이 그림은 형호의 필법이 가지는 특징을 모두 보여주는데, 구륵, 준법, 선염의 세 가지가 모두 어우러져 조형적 구조, 형태적 입체감과 중후함을 두드러지게 할 뿐 아니라 수묵 기법의 특수한 맛을 보여준다.

형호는 수묵이 여러 가지 층을 구분하여 나타낼 수 있는 것을 이용해 구름과 안개, 공기 및 물의 흐름 등을 묘사할 때 가는 선을 이용하여 상징적인 도안을 나타내었다. 이러한 표현 양식은 고개지, 전자건의 작품에서도 볼 수 있다. 지금은 산허리의 구름과 안개는 선으로 그리지 않고 수묵 선염(水墨渲染)을 사용하여 풍부한 층차의 공기와 거리감을 나타내고 있다. 형호는 일찍이 당나라 사람의 회화를 평하면서 '오도자의 산수에는 필(筆)은 있으나 묵(墨)이 없고, 항용의 산수에는 묵은 있으나 필이 없다'고 하였다. 또한 '나는 이 두 사람의 장점을 취하여 하나의 체제로 만들겠다'라며 자신의 포부를 드러냈다. 그는 필과 묵을 나누는 동시에 두 가지의 가치를 강조하였는데, 문인의 참여로 '필정묵묘(筆精墨妙)'는 더욱 회화적인 평가나 감상의 중요한 기준이 되었으며, 형호의 시대에는 실천적인 의미를 가지게 되었다. 아래로 곧게 떨어지는 폭포와 같이 본래 선으로 그리면 딱딱하게 표현되던 것이 수묵의 미묘한 층차로 인해 이러한 느낌을 피할 수 있었다.

관동은 장안 사람으로, 일찍이 형호에게 사사하였다. 만년에는 필력이 그를 능가하여 '청출어람'의 명예를 얻어 마침내 형호와 함께 '형관(荊關)*'으로 칭해진다. 그는 진령(秦嶺), 화산(華山) 일대에서 활동하고 가을 산, 겨울 숲, 농가, 들판 등의 제재를 즐겨 그렸다. 그의 화풍은 필치가 간략하고 경치가 적었지만, 기세가 힘차고 의미심장한 특징이 있다. 세상에 전하는 작품으로는 〈관산행려도(關山行旅圖)〉와 〈산계대도도(山溪待渡圖)〉가 있는데 모두 대북 고궁 박물관에 소장되어 있다. 〈관산행려도〉에서는 높게 솟은 봉우리들, 깊은 계속과 수풀 사이로 사원이 희미하게 그려져 있고, 가까운 곳에는 작은 다리와 초가집, 나그네와 상인의 모습이 생기가 넘친다. 그림 속 나무에 가지는 있지만 줄기는 없고 용필은 간략하지만 힘차고 원숙하다. 〈산계대도도〉 역시 웅대한 산의 경치를 그리고 있는데 드넓은 산천의 광대한

* **荊關**: 형호, 관동

좌 관동의 〈관산행려도〉(144.4×56.8cm) 두루마리(대북 고궁 박물관 소장)

우 동원의 〈하경산구대도도〉(50×320cm) 두루마리(요녕성 박물관 소장)

모습을 드러내어 북방 산수화의 기본 특징을 잘 드러냈다.

남방 화가 동원은 태어난 해는 알 수 없지만 962년에 사망하였고, 자는 숙달(叔達)로 종릉(鐘陵)[5] 사람이다. 그는 초목이 무성하고 수려하고 아름다운 강남의 경치를 주로 그렸다. 용필이 세밀하고 길며 둥글둥글한데, 때로는 산수화 기법인 '피마준'을 사용하여 묵으로 점점이 무성한 나무와 이끼를 표현하기도 하였다. 현재 대북 고궁 박물관의 동원 진적 〈용숙교민도(龍宿郊民圖)〉가 소장되어 있는데, 산이 원만하고 깊으며 초목이 무성하고 잡목이 서로 어우러져 있다. 산기슭 인가 근처 나무에 등이 걸려 있어 명절인 듯 보이고, 그림 속 인물은 세밀한 붓으로 채색되어 있다. 그는 산수를 소청록(小青綠), 피마 준법으로 그려 자기만의 화풍을 완성하였다. 동원의 작품을 상해 박물관에 〈하산도(夏山圖)〉, 요녕 박물관에 〈하경산구대도도(夏景山口待渡圖)〉, 북경 고궁 박물관에 〈소상도(瀟湘圖)〉로 나뉘어 소장되어 있다. 이들 그림 모두 동원의 전형적인 스타일인 수묵담색으로 그려졌으며 형태와 구조가 조화를 이루고 있는데, 강남 지역의 풀로 뒤덮인 산과 구릉, 비바람과 명암으로 대조를 보이는 평원한 경치가 묘사되어 있다.

북송 서법가이자 감상가 미불은 동연의 그림이 '평담천진(平淡天眞)*'하며 끝없이 '기운(氣韻)'을 일으킨다고 했지만 그런데 사실상 동원은 그가 눈으로 본 실물의 경치들을 재현하려 했던 것이다. 그가 살고 있던 강남 지방에는 북방의 깎아지른 낭떠러지나 절벽이 적었기 때문이다. 〈소상도〉에서 동원은 색채를 버렸고 기이한 봉우리와 기이한 돌도 그리지 않았으며, 강물은 드넓고 하늘은 공활하며 경치는 청원(淸遠)하다. 강 위에는 손님을 실은 나룻배와 그물을 얽는 어부가 있고 강가 제방에는 제사를 지내는 사람들이 그려져 있다. 송대 심괄(沈括)은 동원의 그림을 일컬어 '용필이 매우 성글어 가까이에서 보면 사물의 형상 같지 않지만 멀리서 보면 경치가 찬란하게 빛난다'고 하였다. 동원의 평담천진은 '멀리 바라보기(遠視)'에 적합한 필법으

* **平淡天眞**: 고요하고 깨끗하며 천진난만함

좌 거연의 〈추산문도도〉(165.2×77.2cm)(대북 고궁 박물관 소장)

우 이당(李唐)의 〈만학송풍도(萬壑松風圖)〉(188.7×139.8cm) 두루마리(대북 고궁 박물관 소장)

로 사의(寫意)*적인 면을 분명하게 드러냈다. 동원의 그림에 대해 다음과 같이 언급되고 있다.

"동원의 그림에는 평담천진함이 많다. …산봉우리들의 출몰과 구름과 안개가 희미하게 드러나고 기교가 없어 천진함을 준다. 산안개가 가득 피어오르고 나뭇가지와 줄기가 곧고 힘차게 뻗어 있어 모두 생기가 있다. 계곡 위의 다리, 고기 잡는 포구, 섬들이 서로 조화를 이루어 한편의 강남을 표현하였다."

한당(漢唐) 시기 북방의 기운찬 화풍이 주류를 이루었지만, 동원에 이르러 사람에게 친근함을 주는 진산진수(眞山眞水)가 생생하게 종이 위에 펼쳐져, 경치는 더욱 화려해졌고 그림에 담긴 뜻은 무궁무진해졌다. 이로써 동원은 남방 산수의 새로운 바람을 일으켰다.

거연은 강녕(江寧)[6] 사람으로, 강녕 개운사(開元寺)에 출가하여 북송 시기에 활동하였다. 그는 동원의 화풍을 계승하여 필묵은 아담하고

* **寫意**: 사물의 형태보다는 그 내용이나 정신에 치중하여 그리는 일

청윤하며 연기와 안개 같은 분위기를 주로 그렸다. 장피마 준법(長皮麻皴法)을 잘 사용하여, 붓은 파필(破筆)*로, 묵은 초묵(焦墨)**을 사용하였고 이끼 같은 점으로 처리하였다. 이로써 동원의 그림에 비해 더욱 웅건하고 초탈한 경지를 보여주었고, 산봉우리를 간략하게 묘사함으로써, 숲 속 소나무와 잣나무, 난석, 끊어진 다리, 초가집, 대나무 울타리 등의 세밀한 묘사와 대비시켰다. 세상에 전해지는 거연의 진적은 비교적 풍부한데, 〈추산문도도(秋山問道圖)〉(대북 고궁 박물관 소장), 〈만학송풍도(萬壑松風圖)〉(상해 박물관 소장), 〈층암총수도(層巖叢樹圖)〉(대북 고궁 박물관 소장), 〈소익염남정도(蕭翼賺蘭亭圖)〉(대북 고궁 박물관 소장)와 〈계산난약도(溪山蘭若圖)〉(미국 클리블랜드 미술관 소장) 등이 있다. 거연은 동원의 '담묵(淡墨)과 안개' 화풍을 발전시켰고, 특히 발묵할 때 먹에 물을 많이 사용하여 표현하였다.

당송 연간 선종(禪宗)이 성행하였고, 남방 산수화파는 평담천진을 숭상하였다. 동원, 거연의 작품에서는 산봉우리가 높이 솟아있지만 딱딱하거나 웅대한 기세는 없다. 미불은 거연의 그림에 대해 '안개가 청윤하며 경치가 무척 천진하다', '울창한 숲으로 그려진 거연의 그림은 밝고 윤이 나며 상쾌한 기운이 가득하다'라고 칭찬한 바 있다. 전체적으로 기풍은 온화한데, 굽은 산이 연달아 있는 곳에 숲이 총총하고, 그 사이로 초가집이 두세 채 보인다. 사립문은 열려져 있고, 구불구불 오솔길을 따라가면 깊은 계곡으로 들어서게 된다. 비탈진 기슭에 나무가 하늘을 향해 자라고, 자갈이 계곡에 반짝이며, 강물은 그 주변을 휘감아 천천히 흘러가고 풀이 바람에 춤을 춘다. 이러한 산수화는 사람으로 하여금 정신을 그윽하게 하고 먼 곳을 바라보게 하며 다른 경지를 생각하게 한다. 승려 거연은 속세 생활을 동원보다 냉담하게 그려, 필법은 온화하지만 인적은 드물고 풍경은 차갑고 적막하다. 깊은 산속 농가의 한적한 풍경은 사람으로 하여금 세속 사회에서 더욱 멀리 떠나오게 만들어, 화가가 물질세계를 넘어 아득한 우주에

* **破筆**: 동양화에서 붓끝을 갈라지게 하여 그리는 방법

** **焦墨**: 건조하고 메마른 묵색

* **荊關董巨**: 형호, 관동, 동원, 거연

더욱 관심을 가졌다는 것을 나타내주고 있다. 이후 문인 사대부는 이러한 선학적인 경향으로 거연의 산수화에 남다른 존경을 보인다.

회화사에서는 오대에서 북송 초기까지 '형관동거(荊關董巨)*'를 같이 통칭하는데, 이들 화가들은 각각 북방과 남방 산수화를 총결한 대표적 화가로, 산수화의 기풍을 이해하는 데 매우 큰 도움을 준다. 북방 산수화는 북송 시기에 유명한 화가들을 많이 배출하였다. 남방 산수화는 문인 사대부의 추종으로 원대에 매우 커다란 중시를 받았다. 명청 시기에 이르면 산수화를 논할 때는 남방 산수화를 대표하는 동원과 거연은 반드시 언급되었지만, 북방의 광활하고 드넓은 '전경 산수'는 잊혀졌다.

송 휘종(徽宗)과 그 시대

송대 회화는 수당 오대의 기초 위에 계속 발전하여, 궁정 회화, 사대부 회화, 민간 회화가 서로 영향을 주고받으며 송대 회화의 면모를 풍부하게 하였다.

북송의 통일은 봉건 할거로 조성된 분열된 혼란을 없애고 일정한 시기 내 사회 안정을 이루었으며, 상공업, 수공업의 신속한 발전으로 도시 문명을 촉진시켰다. 북송 제8대 황제 휘종 조길은 정치적으로 무능하였지만 예술에 대해 지나친 애착을 가진 황제로 역사서에 기록된다. 1127년 북방 유목 민족에 의해 건립된 금나라에 의해 북송이 멸망하자, 송 휘종과 아들 흠종(欽宗) 조항(趙恒)은 포로가 되어 적국에 수감되었다가 굴욕스럽게 사망하였다. 북송 멸망 후, 황족은 남하하여 수도를 임안(臨按)[7]으로 정하는데, 역사서에서는 이 시기를 남송(南宋)[8]이라 한다. 중국 남방은 산물이 풍부하였고, 남하한 북방인과 남방 토착 세력이 공동으로 강남을 개발하여 강남의 경제, 문화가 지속적으로 발전하였다. 북송 시기 수도 변량(卞梁)[9], 남송 시기 수도 임안은 도시 상업이 번성하였고, 귀족 외에 많은 상인, 수공업자와 시민 계층이 모여 살아, 도시 문화생활은 공전에 없는 번영을 이루었다. 회화가 수공업, 상업의 대열에 진입하자, 화가는 작품을 상품 시장에 내놓았다. 변량 대상국사(大相國寺)는 매월 다섯 차례 묘회(廟會)* 를 열어 그곳에 온갖 물건들이 운집하였는데 그중 서적과 그림을 파는 노점도 있었다. 남송 임안 야시장에서도 세밀하게 그려진 부채와 매죽 부채가 팔렸다고 한다. 변경, 임안 등지의 주점에서도 자화미화(字畵美化), 점당(店堂)이라는 현판을 내걸고 고객을 불러 모았다고 한다. 시민들은 경사스러운 연회가 열리면 행사에 필요한 병풍, 그림이 그려진 막, 서화 전시품 등을 빌릴 수 있었다. 명절마다 요구되는 물건들이 있었고 세밀에도 문신(門神), 종규(鐘馗)** 등의 절령화(節令畵)가 팔려 문전성시를 이루었다고 한다. 수공업의 발달로 조판 인쇄 기술의 발전과 보급이 촉진되어 변경, 임안, 평양(平陽), 성도(成都), 건양

* **廟會**: 정기적으로 사원 안이나 주위에 서던 정기적인 장이었으나, 후에는 춘절 또는 다른 민속 명절의 경축을 위한 장을 지칭하였으며, 오늘날 중국 도시에서는 이미 거의 볼 수 없다.

** **鐘馗**: 중국에서 역귀를 쫓아낸다는 신

조길의 〈매화수안도(梅花繡眼圖)〉(24.5×24.8cm)(북경 고궁 박물관 소장)

(建陽) 등의 조판 중심지가 형성되었고, 많은 서적과 불경 등에 판화 삽화가 곁들여졌다. 현존하는 송금(宋金) 시기 조판 인쇄로 미륵상(彌勒像), 다라니경주(多羅尼經咒), 〈불국선사문수지남도찬(佛國禪師文殊指南圖贊)〉, 〈조성장(趙城藏)〉 등 새겨진 그림이 정밀하고 세밀하였다.

조길의 〈청금도(聽琴圖)〉 (147.2×52.3cm) 두루마리 (북경 고궁 박물관 소장)

중국 회화는 송대 시기 절정에 달하였다. 송대 회화는 현실 생활을 광범위하게 다루었는데 이는 중국 고대 회화사에서 매우 두드러진 특징이다. 또한 다채롭고 아름다운 예술 형식을 운용하여 많은 예술 표현 기법을 창조하였고 사회와 긴밀한 관계를 맺었다. 송대 회화 기풍, 양식과 이론은 원, 명, 청나라에 영향을 끼쳤는데, 송대 회화의 성숙과 뛰어난 번영을 반증해 준다. 회화 기교의 중요한 혁신 또한 송대에 많이 이루어졌다. 또한 인물의 감정, 흥미로운 구성과 개성이 뚜렷한 인물 형상을 강조하였다. 화가들은 화조화, 산수화 각각의 특화된 영역에서 진실하고 독창적인 예술 표현에 주력하면서 아름답고 감동적인 정취를 추구하였다. 또한 송대 화가들은 형상을 제련하는 데 공을 들여 고도의 사실적인 능력을 표현하였다. 문인 사대부 회화는 주관적인 표현과 필묵 효과의 탐색 면에서 회화 예술의 번영에 긍정적인 작용을 하였다. 궁정 회화는 전체 사회와 회화 번영의 기초 위에서 대단한 발전을 이루었고 이들이 이룬 예술적 성과도 무시할 수 없다.

오대 남당(南唐), 서촉(西蜀) 시기에 건립된 화원의 기초 위에서, 송대는 한림도 화원(翰林圖畫院)을 설립하여 궁정에 필요한 회화 인재들을 배양하였고, 송 휘종 시기에는 화학(畫學)을 설립하기도 하였다. 송

마원의 〈답가도〉(192.5×111cm) 두루마리(북경 고궁 박물관 소장)

이당의 〈채미도〉
(27.2×90.5cm) 두루마리
(북경 고궁 박물관 소장)

대 대부분의 제왕들은 모두 회화에 대해 흥미를 가졌는데, 특히 휘종 조길은 회화에 심취하여 정무를 게을리 할 정도였으며, 조길 본인이 서법가이자 화가였다. 그는 내우외환에 시달리던 북송 말년에 재위했던 황제로, 위기에 처한 나라를 구하기보다 궁정 화원을 확충하고 명화를 수집, 소장하며 재능이 뛰어난 화가들을 모집하였다. 그 결과 북송 휘종 조길, 남송 고종(高宗)[10] 조구(趙構)의 통치 시기에 송대의 궁정 화원 제도가 완비되었다. 민간 화가 예술 수준의 제고로 화원에 많은 우수한 화가들이 등용되었다. 이 시기 화원에는 뛰어난 재능을 가진 화가들이 운집하였고, 궁정 화가와 사회가 일정한 관계를 유지하면서 황제의 취미에 적극 영합하고자 하였다. 이들은 당대 이래 궁정 예술의 정밀하고 화려하고 부귀한 기질을 유지하려고 애썼는데, 어떤 작품에는 송대 회화의 특징인 섬약하고 힘이 없고 소박한 취향을 드러낸 것들도 있다. 송 휘종 시기 내부 서화 수장은 매우 풍부하였고 공경사대부(公卿士大夫) 소장가도 매우 많았다. 『선화화보』에는 당시 궁정에 소장된 소장품의 상황이 자세하게 기록되어 있다. 정강지변(靖康之變)*으로 금나라가 송나라를 침략하고 일부 화가들이 포로로 북방으로 끌려가고 궁정 내 소장된 그림도 북방으로 유실되어 금나라 통치 지구 회화에 상당한 영향을 끼쳤다. 한편 대량의 화가들이 강남으로 망명하여 남송 고종 화원에 공직하여 강남 문화 발전도

* **靖康之變**: 금나라의 침략으로 송이 남으로 수도를 옮긴 일

촉진되었다. 양송 시기 대가들의 대표 작품으로는 곽희의 〈조춘도(早春圖)〉, 〈관산춘설도(關山春雪圖)〉, 장택단(張擇端)의 〈청명상하도(淸明上河圖)〉, 왕희맹(王希孟)의 〈천리강산도(千里江山圖)〉, 이당의 〈채미도(采薇圖)〉, 〈만학송풍도〉, 마원(馬遠)의 〈답가도(踏歌圖)〉, 〈수도(水圖)〉 등이 있다.

당대에 출현한 문인화(文人畵)는 북송 중후기 이후 주요한 예술적 흐름이 되었다. 문인 사대부들에 의해 회화 작품의 소장, 품평이 성행하였고, 직접 회화를 그리며 화폭에 시를 읊어 서화 제발의 새로운 영역을 개척하였다. 양송 시기 문인 사대부들은 다음 소재를 잘 그리는 것으로 유명하였다. 중인(仲仁), 양무구(楊無咎)는 '묵매(墨梅)', 문동(文同)[11]은 '죽(竹)', 소식의 '고목(古木)'과 '괴석(怪石)', 미불, 미우인(米友仁)[12] 부자는 '운산(雲山)', 조맹견(趙孟堅)은 수선(水仙) 등으로 이름을 떨쳤다. 북송 문인 사대부는 문인화의 이론 방면에서 커다란 공헌을 하였다. 구양수(歐陽修)는 '적막하고 담백함'을 미학의 경계로 삼았고, 소식은 '그림을 논할 때 그림이 실제와 닮았는지를 기준으로 살펴보는 것은 어린아이들이 하는 짓이다'라고 하며 회화의 주요 기능인 자연 모방의 관념을 부정하였다. 중국 전통 생활에서 문인 사대부는 일찍이 네트워크를 형성, 문인화 및 소식 등의 사상이 신속하게 전파되었고, 이민족 통치 지역인 요, 금에까지 그 영향이 미쳐 원명(元明) 문인화 발전의 길을 열었다.

〈청명상하도(淸明上河圖)〉

오대, 양송의 인물화는 당대에 비해 제재가 더욱 광범위해져 종교 신화, 역사 신화, 문인 생활 등을 회화의 주제로 삼았다. 화가들은 주로 인물의 표정과 심리 묘사에 주력하였으며 전신 묘사 능력도 향상되었다. 이 시기에는 두 가지 기법상의 발전이 있었는데, 첫째 공필(工

장택단의 〈청명상하도〉(24.8×527.8cm) 두루마리(북경 고궁 박물관 소장)

* **大寫意**: 간결하고 자유로운 필치로 대상의 형체보다 정신을 중점적으로 표현한 것

筆) 색채 면에서 용필이 더욱 세밀해지고 힘차고 변화가 많았으며, 색채도 화려해져 색조가 당대에 비해 더욱 풍부해졌다. 둘째, 수묵 방면에서 이공린(李公麟)[13], 장택단의 백묘가 정점에 달한 것에 외에도 양해(梁楷)[14] 작품으로 대표하는 수묵(水墨) 대사의(大寫意)* 화법이 출현하였다.

당송 이래 중국 고대 회화는 날이 갈수록 색채가 담백하고 단순하며 간략한 필묵 방식을 추종하였다. 북송 화가 이공린은 일찍이 고개지와 오도자의 그림을 본보기로 삼았다. 그의 화법은 장식을 없애고 필묵을 담백하게 한 '백묘'로 칭찬을 받았다. 백묘는 원래 그림의 초안을 잡는 것으로 서양화의 '소묘'와 비슷하다. 그런데 오도자 이후 평론가들은 화가의 조형 내공과 교묘한 서법을 결합하여, 단색의 화면을 서법과 같이 감상하며 단청을 하지 않고서도 광채가 나고 사람을 움직이는 효과가 있다고 보았다. 〈조원선장도(朝元仙仗圖)〉는 바로 이러한 백묘법의 신기한 마력을 무궁무진하게 보여주는 북송 시기 작품으로, 중국 현대 회화 대가 서비홍의 적극적인 도움으로 세상에 전해졌다. 이공린의 백화는 회화 역사에 확실하게 일가를 이루었다. 세상에 전하는 그의 작품들 〈오마도(五馬圖)〉, 〈구가도(九歌圖)〉, 〈유마힐도(維摩詰圖)〉, 〈임위언목방도(臨韋偃牧放圖)〉 등은 모두 선묘법의 교과서로 간주된다. 그의 백묘화는 대상에 따라 용필, 용선이 적합하게 변화하고, 섬세할 뿐 아니라 서법 같은 리듬감으로 충만하였다.

남송 백묘 화가 공개(龔開)[15] 역시 오도자로부터 배우기 시작하였지만 필법이 소탈하고 호방하다. 그는 '묵귀(墨鬼)' 그리기를 좋아하였는데, 특히 종규 그림으로 명성을 떨쳤다. 〈중산출유도(中山出遊圖)〉에서는 가마를 타고 행차하는 종규와 그 권속들의 다리를 들고 있는 귀신들의 모습에서 오싹한 분위기를 느끼도록 숲 속이 오히려 흥미진진하게 표현되어 있다. 그의 그림에는 신랄한 풍자가 들어 있어 원대 평론가는 '청원함으로 바라볼 수 없다'라고 하였다. 남송의 양해는 백

〈청명상하도〉(부분)

묘 인물을 잘 그리는 화원 화가였다. 문헌에 따르면 그는 중년 이후 화풍을 변화시켜, 세밀한 백묘법으로 수묵일필을 구사하여 광초서체(狂草書體) 서법같이 자유분방하게 그렸다. 이른바 '대사의'는 농담의 변환이 많은 수묵에 철학 같은 오묘한 맛을 지니는데, 〈육조도(六朝圖)〉, 〈발묵선인도(潑墨仙人圖)〉, 〈태백행음도(太白行吟圖)〉가 이러한 방식으로 그려진 작품이다.

장택단의 〈청명상하도〉는 비단에 그려진 것으로, 착색이 엷고 담백하며 전체 그림에 묵선구륵을 위주로 하고 있어, 송대 화가들의 공정하고 세밀한 특징을 실현하였다. 이 그림은 12세기에 그려진 높이 24.8cm, 길이 528.7cm의 걸작으로, 북송 시기 변량의 번영된 모습을 그리고 있다. 이 그림은 일반적인 의미의 '풍속화'를 넘어서고 있다. 물론 민속 활동의 흥겨움과 정취, 민간 풍속에 나타난 해학적인 장면의 표현은 동일한 시기 소한신(蘇漢臣)의 〈화랑도(花郎圖)〉, 이숭(李嵩)의 〈희영도(嬉嬰圖)〉에서도 찾아볼 수 있지만 장택단의 이 그림에는 미치지 못한다. 〈청명상하도〉는 조감의 방식으로 청명절 변경의 각 계층의 활동과 객관적인 모습을 파노라마식으로 표현하여, 풍속화를 넘어선 한 폭의 역사화라고 할 수 있다. 그림 속의 선비, 농사꾼, 상인, 의사, 점쟁이, 승려, 도사, 서리(胥吏), 사공, 밧줄 끄는 사람, 소와 말, 낙타가 그려져 있고, 수많은 거리에 물건들이 진열되어 있으며 물길 닿는 곳에 배와 수레가 오가고, 관가와 초가집 농가도 그려져 있다. 작가는 생활과 사물에 대해 세밀히 관찰한 뒤 그것을 탁월하게 형상화시켰고 조직적으로 배치하였다. 인물의 생동감 있는 표정, 나무와 물결을 힘차고 유창하면서도 소박하게 표현하는 필법, 장면의 정교한 배치와 조화로움에서 화가가 가진 인물, 산수, 누각 등 여러 방면의 다재다능한 수양을 알 수 있다. 장택단은 이 그림에서 송대 각종 회화 양식의 최고 기예로 변화하고 변화무쌍하며 복잡한 세상을 여유 있게 그리고 있는데, 특히 인물을 자세히 관찰하여 정성을 들여 표현하였다. 작가는 그림을 통해 역사를 재현하고 있는데, 사회 풍속과 다양한 생활 모습을 민속 주제가 가지는 과장과 희극적 분위기로 재현하고, 당시 교통망이었던 강의 운송 상황과 노동자의 힘겨운 삶도 함께 그리고 있다. 시끌시끌한 세속의 장면 묘사에서 화가의 깊은 안목이 드러난다.

이 그림은 작자 서명이 없어서 후에 금대 장저(張著)의 제발을 통해 작자를 알게 되었다. 장택단은 동무(東武)[16] 사람으로 생졸년이 미상이다. 그는 일찍이 송의 수도 변경에 유학하고 한림(翰林)에 들어가 궁정화가가 되었다. 장저에 의해 선발되고 '계화(界畵)*', 즉 건물을 위주로 한 경치와 인물화에 능하였는데, 성곽, 도시, 배와 수레도 묘사하였다. 〈청명상하도〉가 세상에 나온 이래 그 가치는 사람들에게 널리 알려졌으며, 남송 시기에는 이미 수많은 모본과 복제본이 나와 '두루마리 한 폭에 금화 한 닢(每卷一金)'으로 임안의 화점(畵店)에서 판매되었다. 이러한 사실은 〈청명상하도〉의 특수성을 크게 증명하는 것으로, 이 그

* **界畵**: 배경 그림

림은 일반적인 풍속화, 궁정화와 문인화의 범주를 넘어선 뛰어난 회화미에 지식과 지성을 두루 갖춘 세계 고대 회화의 보배라 하겠다.

전경산수(全景山水)

송대에 이르러 산수화는 회화의 주도적인 지위를 차지하였다. 화가는 자연으로 들어가 아침저녁으로 관찰하고 느낀 체험을 그림으로 그리고자 노력하였으며, 다른 지역, 계절, 기후의 산천 특징을 정확하게 묘사하여 아름답고 감탄을 자아내는 정취를 화폭에 담으려고 노력하였다. 정성을 다해 만들어낸 드넓은 산수에서 간략한 용필과 대담한 구도에 이르기까지 이전 시기와 다른 탁월한 창조성을 보여 주었다. 북송 산수 화가 곽희는 『임천고치 · 산수훈(山水訓)』에서 '자연의 조화를 포착하기 위해서는 세심함, 고된 작업, 폭넓은 여행이 요구된다'라고 하였다. 산수 경치는 선산 누각, 귀족들의 농장, 사대부들의 은거 장소뿐 아니라 모든 산천, 교외의 자연 경물을 표현하였다. 그들의 그림 속에는 장기를 두고 물로 곡식을 갈고 있는 모습, 도선(渡船)*, 항운, 농경, 고기잡이, 땔감 채집, 상인의 짐을 실고 가는 노새

* 渡船: 나룻배

동원의 〈소상도〉
(50×141cm) 두루마리
(북경 고궁 박물관 소장)

행렬, 사찰 모습, 시골 장터의 주막 등 생활 정경이 함께 들어가 있다. 화가들은 주제를 '북국'과 '강남'처럼 대비되는 느낌으로 분류하여 그림을 그렸으며, 아침 안개와 저녁 풀, 여름 산과 겨울 숲, 깊은 계곡을 그렸다. 또한 가랑비가 내리고 실바람이 부는 모습, 강과 하늘이 하나가 된 모습, 계곡마다 물이 힘차게 흘러가는 모습, 낙엽이 떨어진 숲에 지는 저녁노을, 어촌에 내리는 진눈깨비, 가을 산 적막한 사원, 목동이 버드나무 심어진 계곡에 들어가는 모습, 추운 겨울 강에서 홀로 낚시를 하는 모습 등 정형화된 이미지를 통해 구체적인 정서를 표현하였다. 화가들은 고인의 시의(詩意)를 표현하고, 상상으로 실제 경치를 묘사함으로써 시적인 정취를 창조하였다.

송대에는 오대 화가 형호가 창립한 북방의 전경산수가 가장 보편적인 존경과 추종을 받았다. 형호의 세로 액자식 구도는 무척 상징적인 의미를 지니는데, 자연에 귀의하여 은거하는 사람에게 우뚝 선 산봉우리는 병풍의 역할을 해 그들이 원하는 자유로운 세상과 어지럽고 고난이 가득한 속세를 격리시켜 준다. 북송의 삼대 화가인 이성, 곽희, 범관은 이러한 구도로 뛰어난 산수화의 경지를 표현하였다. 중국 산수화는 육조 이래, 유가 사상 이외에 도가, 불가의 영향도 받았다. 당시 문인 사대부는 유가의 이성 사상과 도가의 무위(無爲) 사상을 절충하여, 정계에 나아가면 선비가 되고 물러나면 은사가 되는 것을 생활 준칙으로 하였다. 문헌에 따르면 이성은 박학다재했지만, 큰 뜻이 적었었다고 한다. 이때의 큰 뜻은 예술상의 성과가 아닌 통상 관리가 되어 정계에 나아가는 출세의 뜻을 가리킨다. 그는 여러 번 낙제하여 결국 관리가 되는 꿈을 이루지 못하고 그림 그리는 것에 뜻을 두어 겨울 숲 바위 동굴에서 주로 있었다고 한다. 곽희도 『임천고치』에서 '군자'가 산수를 좋아하는 이유는 그것을 빌어 시끄러운 속세를 피해 친히 고기를 잡고 땔감을 구하며 은일한 생활을 할 수 있기 때문이라고 하였다.

이성의 〈독비과석도〉(126.3×104.9cm)(일본 오사카 미술관 소장)

이성은 919년 출생, 967년에 사망하였는데 형호, 관공과 거의 동시대 사람이다. 그는 당대(唐代) 황족의 후예로, 장안에 살다가 후에 청주(青州)[17] 영구(營丘)로 이주하여 이영구(李營丘)로 불려졌다. 이성은 시를 잘 지었고 가야금, 바둑에 능했으며 일생 벼슬을 하지 않았다. 산수화는 처음에는 형호, 관공에게 사사하였고 후에 진경(眞景)을 그려 일가를 이루었다. 평원의 겨울 숲을 많이 그렸으며, 화법이 간련하고 필세가 예리하고 담묵을 잘 사용하여 '먹을 금같이 아껴쓴다'라고 하였다. 그는 자연을 독특한 시각으로 표현하였는데, 비록 형호, 관공에게 사사하였지만 초기 작품에도 그들의 정형화된 표현은 많이 보

* 骨幹: 뼈대 또는 어떤 구성체에서 핵심이 되거나 기본이 되는 부분

이지 않는다. 〈교송평원도(喬松平遠圖)〉에서는 우리 시각 경험에 부합하는 사실적 풍경을 체현하였다. 근경 소나무의 높이가 원경 속의 산봉우리를 넘어서는데, 이러한 투시 법칙에 부합하는 묘사 방식은 중국 산수화에서 매우 드문 것이다. 이성은 이와 같이 자연을 충실히 관찰하여, 평원을 주로 한 종횡감을 가진 의경을 주로 표현하였다. 용필은 형호를 계승하여 산과 수목의 '골간(骨幹)*'을 주로 표현하여 분위기가 적막하고 연무가 피어오르는 숲의 고요하고 광활한 느낌을 표현하였다. 나무와 돌을 구체적으로 표현할 때도 자연을 충실하게 표현하고 상투화된 표현을 피하여 사람들로부터 존경을 받았다. 〈독비과석도(讀碑窠石圖)〉에서는 자연의 아름다운 모습과 처연하고 쓸쓸한 모습을 함께 묘사하였다. 그림 속 산비탈 아래 고목들의 마른 잔가지 위에는 덩굴이 휘감겨 있고, 고목 뒤의 배경에는 아무것도 그리지 않아 오랫동안 비워진 듯한 광활함이 무한한 비애감을 준다. 평평한 단 위에는 커다란 비석이 우뚝 솟아있고 귀좌 용두가 있는 것으로 보아 걸출한 인물의 묘로 추정된다. 비석 앞에는 삿갓을 쓴 행인이 나귀를 타고 지나가다 비문을 올려다보고 그 옆에 시동이 지팡이를 들고 서 있다. 표현 기법상으로 보면 나무와 돌의 선을 먼저 그린 후 선염하여, 청윤하면서 창건함이 깃들어있다.

이성은 관공, 범관과 함께 오대, 북송 시기 북방 산수화의 삼대 주요 원류로 평가된다. 이성의 화적이 북송 시기에도 이미 적어, 미불은 '이성 부재설(無李論)'을 주장하기도 하였다. 전해지는 이성의 작품으로는 현재 미국 넬슨 아킨스 미술관에 소장된 〈청만소사도(晴巒蕭寺圖)〉가 있다. 이성 진적의 대부분은 존재하지 않지만, 그의 화풍을 추종하는 사람들이 많아 어렵지 않게 상상할 수 있다. 그의 학생으로 왕선(王詵), 허도녕(許道寧), 곽희 등 북송 산수화 대가들이 많이 있다.

곽희는 자가 순부(諄夫)로 하남 온현(溫縣) 사람이다. 중년에 황제 화원에 들어가 평생을 궁정 화가로 일했는데, 북송 신종(神宗)의 총애

곽희의 〈조춘도〉
(158.3×108.1cm) 두루마리
(대북 고궁 박물관 소장)

를 받던 신하였다고 한다. 그는 산수를 잘 그렸으며 이성을 본보기로 삼았다. 그는 산의 돌을 권운(卷雲)* 같은 준법으로 표현하였고 나뭇가지는 게의 발이 내려가듯 그렸으며 필세는 웅건하고 수묵은 깔끔하였다. 초기 기풍이 비교적 세밀한 묘사가 특징이었다면 만년에는 웅장한 기풍으로 바뀌었다. 거대하고 높은 절벽, 기다란 소나무와 교목, 굽이쳐 흐르는 개울과 깎아지른 절벽, 빼어난 산봉우리, 구름과

* **卷雲**: 푸른 하늘에 높이 떠 있는 하얀 섬유 모양의 구름. 높이 5~13km 사이, 기온 영하 20℃ 이하인 곳에 나타난다.

안개의 변화무쌍한 풍경을 잘 그렸다. 후인은 그를 이성과 함께 '이곽(李郭)'으로 칭하였다. 전해지는 곽희의 작품으로는 〈조춘도〉, 〈관산춘설도〉, 〈과석평원도(窠石平遠圖)〉, 〈유곡도(幽谷圖)〉 등이 있다. 그의 아들 곽사가 편집한 화론 『임천고치』에서 산수화는 사람이 갈 수 있고, 바라볼 수 있고 노닐 수 있고 머무를 수 있는 느낌을 주어야 한다고 하였다. 또한 화가들에게 '폭넓게 다니고 두루 보는' 방식을 통해 자연을 본보기로 삼고 산수 화가가 산수를 바라보는 방식을 삼원, 즉 고원, 심원, 평원으로 귀납하였다.

대북 고궁 박물관에 소장된 〈조춘도〉는 뛰어난 풍경화이다. 이 그림은 물의 기운이 오르고 엷은 안개가 피어오르며, 새싹이 피어나고 봄기운을 실은 강이 유유히 흐르는, 만물이 소생하는 초봄을 생생하게 표현하였다. 그림 속 인물들의 움직임, 배, 누각 등 또한 모두 주제

곽희의 〈과석평원도〉(120.8×167.7cm) 두루마리(북경 고궁 박물관 소장)

에 맞게 배치되었다. 그 구도가 독특하고 의경이 고요하면서 광활하며 돌의 모양이 특이하며 산에는 광채가 있다. 이성의 학생으로서 곽희는 북방 산수화의 웅대하고 기이함, 그리고 황실 회화의 엄격하면서 전형화된 표현을 드러냄과 동시에 실제 풍경의 은일한 풍취와 종횡감을 나타내고자 하였다. 고원, 심원, 평원의 방법을 모두 사용하여 산의 돌이 멀리 있는 것과 같이 있는 것이 하나로 연결되어 있고, 산허리에 운치 가득한 엷은 안개가 가득 피어올랐다. 우리의 마음속에서 '멀리 있는 것', 즉 사람의 내면을 윤기 나게 해주는 공간을 쉽게 환기시키고 있다. 하지만 이러한 그림에서 산에 길이 있고 강에 배가 있으며 길에 사람이 있다 할지라도, 즉 화가가 말하는 볼 수 있고 갈 수 있으며 머물 수 있는 경지라 하더라도 이는 가정일 뿐 실제로 갈 필요가 없는 동경의 세계인 것이다. 사실상 세로 두루마리 그림의 정형화된 구조와 화가가 표현하려는 구체적인 느낌 사이에 서로 충돌과 모순 관계가 생기게 된다. 하지만 북송 산수 화가들은 이러한 형식의 회화를 성공적으로 얻게 됨으로써 그들이 살았던 시대에 성숙한 회화를 보여줌과 동시에 자연에 대한 관찰과 체험 면에서도 기존에 볼 수 없었던 심화된 경지를 보여주었다. 곽희의 〈조춘도〉가 바로 그것이다.

곽희의 또 다른 작품 〈과석평원도〉는 다른 의경을 표현하고 있다. 이 작품은 1078년에 완성하였는데, 단순한 평원법을 취하였다. 근경의 소나무, 돌과 원경의 산봉우리의 비례 관계가 이성의 작품을 연상시키는데, 자연 풍경을 대담하게 편집하여 처리하면서도 여백을 두어 감성적인 요소를 살렸으며 구도뿐 아니라 다양한 수묵의 농담 처리 또한 돋보인다.

근경은 견실한 구륵과 '권운 준법'을 사용하였고 투시 법칙에 부합하는 원산은 '몰골법(沒骨法)*'을 사용하여 담묵으로 처리하였다. 진실한 자연의 풍경 그림은 사람들에게 희미하고 애달픈 느낌을 주는데,

* **沒骨法**: 윤곽선을 사용하지 않고 선염으로 형태를 그리는 기법

사람의 흔적을 없앰으로써 이러한 느낌이 극대화되었다. 곽희의 이러한 자연의 일각을 그린 그림은 남송 회화 기풍의 기초를 마련하였다.

범관은 섬서(陝西) 화원(華原)[18] 사람으로, 생졸년이 미상이다. 이름은 중정(中正)이고 자는 중립(仲立)이다. 성정이 관용하고 조화로워 사람들에게 범관으로 불렸다. 북송 전기에 활동했으며, 북송 산수화 삼대 명가 중의 하나로 손꼽힌다. 처음에는 이성의 화풍을 배우다 형호를 계승하였다. 후에 사람을 스승으로 삼기보다 대자연을 스승으로 삼는 것이 낫다고 느껴 관섬(關陝) 종남산(終南山), 태화산(太華山)에 은거하였다. 그는 자연을 바라보며 그림을 구상하며 자기만의 화풍을 만들었으며 이성과 함께 북방파를 대표하는 인물로 칭해진다. 범관은 인적이 드문 자연 속에 홀로 정좌하며 사방을 둘러보며 자연의 '진정한 맛'을 체험한 화가이다. 그는 사계절의 경치, 여행, '풍월과 안개의 예측할 수 없는 풍경'을 주로 표현했고 섬서와 감숙 지방의 험준한 산세를 큰 화폭에 웅장하게 담아냈다. 화법상으로 볼 때 산 정상에 빽빽한 숲을 그려내고, 물가에 돌출된 커다란 바위를 그렸으며, '점자 준법(點子峻法)*'을 애용하였다. 현재 전해지는 범관의 작품으로는 〈계산행려도(溪山行旅圖)〉, 〈한림설경(寒林雪景)〉 등의 그림이 있다.

〈계산행려도〉는 비단 위 묵필로 그려진 그림이다. 그림 옆에는 명대 동기창(董其昌)[19]이 제사(題寫)한 '북송범중립계산행려도(北宋範仲立溪山行旅圖)'라는 열 글자가 쓰여 있는데, 범관 산수화의 표본이다. 이 그림에서 묘사한 것은 바로 관중(關中) 진룡산(秦龍山)의 위대한 경관으로, 그림 속 첩첩이 겹쳐진 산과 봉우리, 무성한 풀과 나무, 단단한 산의 돌의 모습이 사람을 위협할 기세이다. 화가는 그림 속 장면의 깊이를 강조하는 전통적인 방식을 취하지 않는 대신, 우뚝 솟은 절벽을 그림 중앙에 배치하여 산의 '존재'를 나타냄으로써 이곳에 은둔한 은사의 중요성을 부각하였다. 그에게 산은 철학가가 말하는 실체이고 '도'의 상징물이었다. 은사는 산속에 홀로 앉아 도를 물으며 자연

* **點子峻法**: 빗방울 같은 필촉으로 산의 모습을 손으로 만질 수 있을 것 같은 구조와 질감을 가지는 것처럼 표현하는 준법

범관의 〈계산행려도〉(206.3×103.4cm)(대북 고궁 박물관 소장)

과 융합한 물아일체의 경지에 이르러 침묵 속에서 신과 만나고 있다. 우점 준법으로 사람의 감정을 적절하게 나타내는데, 감성 세계에 대한 세밀한 관심을 효과적으로 표현하였다. 그는 17세기 서구 농촌 풍속화를 묘사한 동판화처럼, 산속을 흐르는 냇물, 산 아래 넓게 펼쳐진 강과 길, 땔감을 나르는 당나귀의 행렬과 길을 재촉하는 사람들의 모습을 세밀하고 생동적으로 그렸다.

오대 및 북송 시기 형호에서 이성, 범관, 곽희 및 남송의 동원에 이르러 중국 산수화는 완정한 형식을 이룩하였다. 이와 동시에 자연에 대한 진실한 재현에 대해 대다수 화가들은 여전히 중점적으로 관심을 가지고 있었다. 화가는 산수화의 완벽한 표현을 찾고자 노력했고 실제 세계를 직접 관찰하고 감성적으로 체험한 것을 충실하게 옮기려고 시도한 결과 산수화의 전형이 나오게 되었다. 그들이 이룩한 산수화의 웅대한 구조와 그 속에 내재한 깊이는 후세 산수화가 좀처럼 따라갈 수 없는 경지이다. 하지만 이러한 도식은 서양 회화에서 볼 수 있는 착각 모방, 재현 물리학 의미에서의 자연 풍경 묘사를 통한 표현과 실질적인 차별을 가진다. 붓에 물을 적시고 비단이나 화선지 위에 그려지는 자연은 제시된 것으로 빛, 색, 형식을 통해 우리 시각으로 보는 실제 세계와는 완전히 다르다. 중국인은 이렇게 필묵으로 제시된 산수의 형상에 익숙해져 있지만, 서양 회화 전통에 익숙한 감상자들에게는 마음을 탁 트이게 하고 상쾌하게 만드는 중국의 산수화가 독특한 풍경화로 여겨진다.

소식(蘇軾)과 미불(米芾)

위대한 시인, 문학가, 뜻을 이루지 못한 관리이자 아마추어 화가였던 소식은 많은 회화 진적을 남기고 있지 않지만, 화론사에서의 지위는 결코 무시할 수 없다. 이는 북송 시기에 활약한 소식이 처음으로

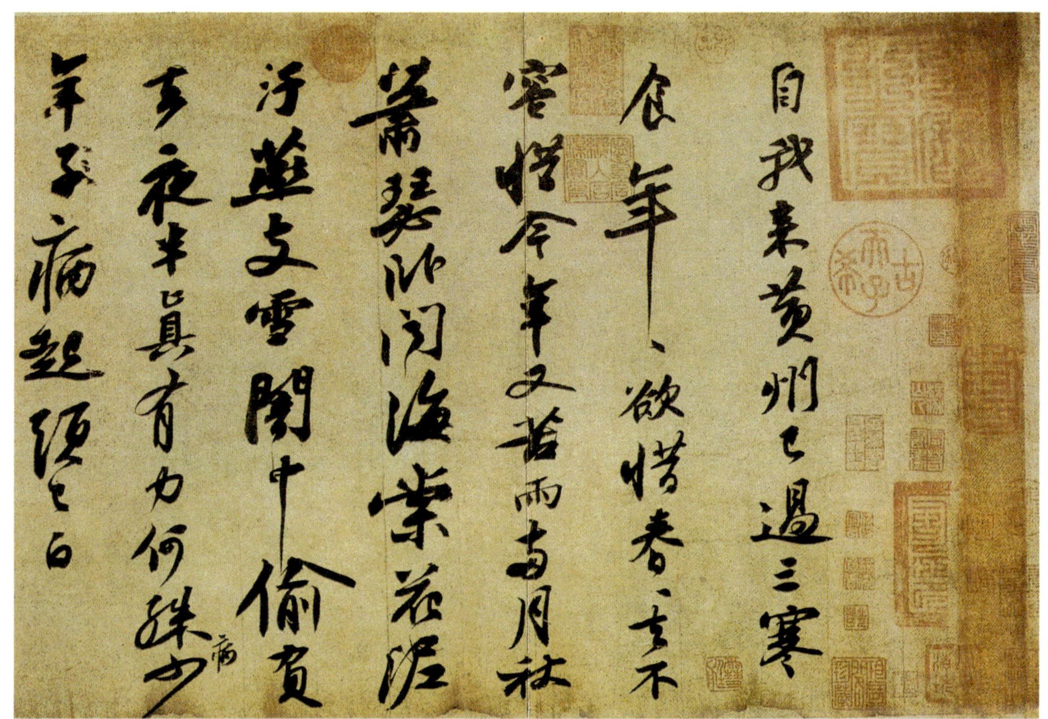

소식의 행서(行書) 〈황주한식시첩(黃州寒食試帖)〉(부분)
(대북 고궁 박물관 소장)

'사인화(士人畵)', 즉 문인화의 개념을 제출하였을 뿐 아니라 문인화의 실천자 내지 기초를 닦은 사람이기 때문이다. 소식 이후 문인화는 점차 중국 전통 회화의 주류로 발전하였다.

소식은 자가 자첨(子瞻)이고 호가 동파(東坡)로 사천 미산(眉山) 사람이다. 그는 청년 시기에 일찍 벼슬길에 들어가 조정의 관리가 되었다. 중년에 정치 사건에 연루되어 감옥살이도 하고 몇 차례 방축도 되었으며 임종이 가까워져서야 사면되었다. 순탄치 않은 운명만큼이나 그의 문인 사상도 매우 복잡하여, 유가의 중용지도(中庸之道)와 낙천지명(樂天知命)*, 도가의 청정(清淨)과 지족불욕(知足不辱)**, 불교의 초탈(超脫)과 사대개공(四大皆空)*** 및 도교의 현허(玄虛)와 양생술(養生延年) 등을 모두 수용하였다. 소식 본인은 회화를 업으로 하지 않았고, 가끔 그림을 그리는 정도였는데, 고목, 대나무 숲, 괴석만 그렸다. 남아있는 소식 작품은 미불, 유량좌 등의 제시(題詩)로 그의 진적임이 확인되었다.

* **樂天知命**: 하늘의 뜻을 받아들이고 자신의 처지를 안다.

** **知足不辱**: 안분지족하고 욕되게 하지 않는다.

*** **四大皆空**: 모든 것이 공허하다.

시를 짓고 그림을 그리는 것, 이는 소식 스스로 즐거움을 취하는 방식이었다. 그러나 군자에 대한 유가의 행위 규범이었던 예술은 소식에 이르러 본래 있어야 할 자리로 돌아왔다. "예술적 기예는 도에 가깝다." 문인은 기예 습득을 통해 몸과 마음의 이완과 즐거움을 얻는 동시에 '도'에 대한 인식과 체험을 심화시키기 때문이다. 소식은 '상형(常形)을 잃으면 잃은 데서 멈추지만, 상리(常理)가 부당하면 모두 그것을 버리게 된다'라고 하였다. 이는 자연 만물에 고정된 상태는 없으며 결함이나 부족함이 있는 모습이 실제의 모습이다, 상리는 바로 '도'를 말하는 것으로 도를 버리면 상리 또한 잃어버리게 되므로 전체를 모두 잃어버리는 결과를 초래할 수 있다는 의미이다. 소식은 일찍이 '오도자의 그림은 절묘하지만 그림의 세밀함은 논할 수 없다'라고 무정하게 평가하였다. 그는 '형사(形似)'에 집착하는 것에 대해 자연에 굴복한 장인식 모사법이라고 조소하고 폄하하였다. 소식은 그의 벗 문동의 그림에 대해 다음과 같이 평하였다.

"대나무 그림을 그릴 때 사물만 보지 사람은 보지 않는다. …그 몸

미불의 〈춘산서송도(春山瑞松圖)〉(62.5×44cm)(대북 고궁박물관 소장)

이 대나무와 하나가 되어야 청신함이 무궁무진하게 나온다."

문동은 대나무 그림을 잘 그렸다. 문동이 대나무 그림을 그릴 때 그의 눈에는 대나무만 있었다고 하니, 보통 사람들이나 일반 화공과 크게 다른 점이었다. 그는 물아일체의 경지에 들어가 자연과 혼연일체가 되어 대나무가 되고 물의 상태에 기탁하였는데, 소식은 바로 이 점을 높게 평가하였다. 문인은 자연 경관과 물상을 대하면 그들이 가지는 완벽한 교양을 이용하여 구상하는 세계를 추상적이고 정신적으로 승화시켜 그 속에서 즐거움과 휴식을 얻는다. 소식이 높게 평가한 화가는 오도자와 같은 전능한 화가가 아니라 상 외에서 상을 얻을 수 있는 왕유, 문동 등과 같은 깊은 문화적 교양을 갖춘 문인 화가였다. 상 외에서 상을 얻는 것은 바로 형사를 넘어서서 상리를 얻는 것이다. 자연 물상은 화가가 마음에 품은 뜻을 펼치는 수단으로, 화가는 자연스럽게 물의 물성과 사람의 의지를 융합시킨 후에 붓끝에서 그 진정성이 흘러나오게 해야 한다고 생각하였다.

"군자는 사물에 뜻을 기탁할 수 있지만 사물에 뜻을 두어서는 안 된다. 사물에 뜻을 기탁하면 하찮은 미물이라도 즐거움이 될 수 있고, 아무리 뛰어난 사물이라도 그것을 병들게 할 수 없다. 하지만 사물에 뜻을 두는 사람은 하찮은 미물 때문에 병이 들고, 아무리 뛰어난 사물이라도 즐거움으로 삼지 못한다."

문인 화가에 있어서 중요한 것은 사물에 기탁하되 사물 밖에서 노닐어야 하는 것으로, 사물 안에 머물면 사물이 너무 무겁게 보여 즐거움을 찾으려고 했다가 오히려 슬픔에 빠지게 된다. 반면 사물 밖에서 의미를 찾을 수 있다면 보잘 것 없는 대상에서도 즐거움을 찾을 수 있다. 소식의 이러한 가치관은 사실적인 표현에 주력했던 송대 회화의 평가 기준과는 상반된 것이었다. 그는 더 나아가 문인 화가와 화공을 구분하여 문인 화가가 뜻을 중시한다면, 화공은 겉모습을 취할 뿐이라고 하였다. 또한 정성을 다해 그 형상을 묘사하는 것이 화공이 할 일이며, 문인은 이러한 일에 지나치게 신경 쓸 필요가 없으며 오히려 모든 에너지를 수양에 힘써 정신의 향상에 주력해야 한다고 보았다. 소식의 입장에서 형을 중시하지 않는 이유는 형을 추구하면 도에서 더욱 멀어지기 때문이다. 그는 문인화가 최종 도달해야 할 지점을 상리(常理)로 보고, 정신이 고매하고 뛰어난 자만이 나타낼 수 있는 성정과 뜻을 문인화에서 체현시켜야 한다고 보았다. 소식의 이러한 그림에 대한 세계관은 그의 문학에 대한 뜻과 그가 가지는 특유의 인격적 매력으로 상당한 영향력을 미쳤지만, 그렇다고 해서 그의 언급을 너무 진지하게 인식할 필요는 없다. 유가에 따르면 시, 서, 화는 모두 예에 속하는 범주로서, 소식은 '시로써 다하지 못해 넘쳐나면 서가 되고, 서가 변화하면 그림이 되는데, 이 모두 한묵(翰墨)이 창조한 것이다'라고 하였다. 적당히 그려놓은 〈죽석도(竹石圖)〉 혹은 문인 서법화에서 볼 수 있는 즉흥적인 먹칠은 남송 양해가 대사의 방법으로 그린 시인과 선인을 연상하게 한다. 하지만 동시대 황실과 화원에서 보편적으로 이루어진 화풍과 비교할 때 소식, 미불 같은 신분의 사람들이 이러한 견해와 작품을 발표할 수 있었던 것은 회화에 대한 취미가 분명히 바뀌고 있음을 입증해주는 것이다.

소식의 벗 미불은 시문에 능하였고 서화를 잘하였으며 감별에 정통하였고 이름난 작품을 소장하기를 좋아하였다. 미불과 소식 두 사람 모두 일류 서법가로 그들은 채양(蔡襄), 황정견(黃庭堅)과 함께 송대 '서법 사대 화가'로 칭해졌다. 미불은 산수화를 그릴 때 동원을 본보기로 하여 천진하고 세밀함을 추구하지 않고 수묵으로 주로 점염(點染)하였다. 미불의 아들 미우인은 '소미(小米)'로 칭해졌는데, 가학(家學)을 계승하여 구름과 산을 잘 그렸으며 아버지의 화풍을 변형시켜 일가를 이루었다. 회화사에서 미가산(米家山), 미씨운산(米氏雲山), 미파(米派) 등의 칭호를 가지고 있다. 미씨 부자는 산을 그릴 때 점염하여 구름과 연기를 변화무쌍하게 표현하였다. 미불은 스스로를 일러 '붓

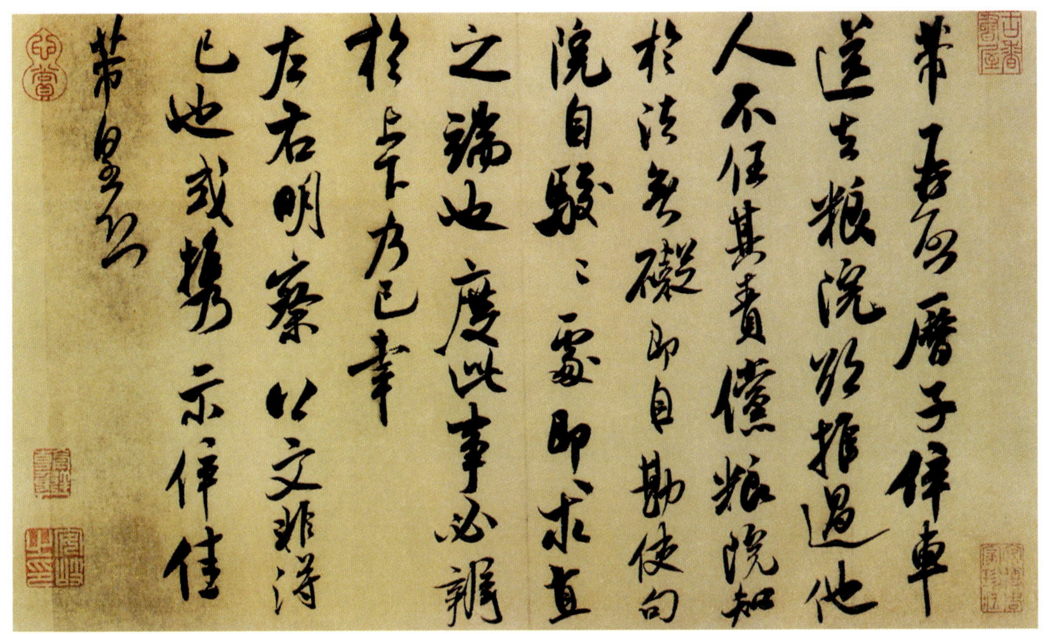

미불의 행서 〈초계시권(苕溪詩卷)〉(부분)

가는 대로 그림을 그리면, 안개와 구름이 수석에 서로 어우러져 뜻이 비슷해지는 것 같다'고 하였다. 또한 미우인은 그림을 그리고 제발을 쓰면서 자신의 그림을 '묵희(墨戲)*'라고 지칭하였다.

회화 의경에서 소식은 '쓸쓸함과 간략하고 심원함', '청신함', '간략하고 심오함', '담백함'을 추구하였고, 미불은 '평담천진'과 '고고(高古)'를 추종하였다. 두 사람의 견해는 서로 같지만, 천성적으로 적극적인 미불이 소식에 비해 더욱 솔직하게 자신의 의견을 표출하였다. 당대, 송대 공인된 산수화의 대가는 북방에서 주로 배출되었는데, 예를 들면 오도자, 이성, 관공 등이다. 미불은 오히려 자신의 그림에는 '이성, 관공의 속기가 한 획도 없으며, 한 획이라도 오도자가 들어올 수 없다'라고 표방했지만 궁정 화가 곽희 등에 대해서는 그렇지 않았다. 그림으로 이름을 전하지 않은 소동파가 고목, 죽석에 기대 그림을 그린 것을 보고, 미불은 오히려 즐거움을 가지고 더욱 많은 칭찬을 하였다. 특히 그는 그때까지 세상에 중시를 받지 못한 강남의 화가 동

---

* **墨戲**: 먹 장난

동원의 〈용숙교민도〉(156×160cm)(대북 고궁 박물관 소장)

원에 대해 거듭 칭찬을 하며 최고의 평가를 하였다. 미불이 동원에 대해 긍정한 것은 100여 년 전의 필묵에서 유사성을 찾은 것이고, 그의 평론은 실제 그가 대표하는 문인 산수화의 예술 선언이라고도 할 수 있다. 다음은 미불의 문장이다.

"동원은 평담하고 천진함이 많은데 당대에도 필굉(畢宏)만큼 더 좋은 작품은 없었다. 근세 신품이 있고 격조가 높은 작품으로는 그를 따를 자가 없다. 산봉우리의 출몰, 구름과 안개가 보일 듯 말 듯하고 기교가 없이 모두 천진하다. 안개가 가득하고 나무줄기가 힘차며 모두 생기가 넘친다. 시냇가에 걸린 다리, 고기 잡는 포구, 물가 조그만 섬이 서로 어우러져 한 편의 강남 정경을 표현하고 있다."

미불 본인과 그의 아들 미우인의 '운산묵희(雲山墨戲)'는 문인화에 대한 일종의 제시로서, 미불이 동원에 대한 칭찬은 그대로 미불 자신의 화풍에 대한 묘사로 이해할 수 있다. 어떤 평론가는 동원이 진산수석의 구조 변화를 포착하고자 노력했다고 하지만 미불에게는 그러한 것은 별로 중요하지 않았다. 그는 오히려 '듬성듬성한 붓'으로 완성한 묵희야말로 소식의 뜻에 따라 그리는 자유로운 창작의 결과라고 여겼다. 미우인의 〈원수청운도(遠岫晴雲圖)〉에서는 멀리 있는 산봉우리들의 윤곽선을 생략하고 산의 모습을 농담이 다른 묵색으로 서로 어우러지게 그렸다. 이러한 수묵화는 사실적인 산수를 그리는 것이 아니라 수묵을 이용하여 순간적인 느낌을 재현한 것으로, 설명할 수 없는 신비한 재주를 가지고 있어야만 자연의 '진정한 정취'를 체현할 수 있다. 특이한 것은 운무를 표현할 때 미우인은 고개지, 전자건이 사용한 것과 유사한 선조를 사용했는데, 이들이 '진정한 정취'를 직접적으로 옮기는 데 그치지 않고 '고고함'의 전통적인 표현 수법을 재현하려고 하였다.

1| **이소도**(李昭道): 이사훈의 아들. 당나라 화가로 아버지 이사훈의 화풍을 계승하여, 특히 청색과 녹색을 주로 사용하고 흰색과 금색을 섞어 그려 청록 산수화파 또는 금벽 산수화파로 불린다.

2| **오대**(五代, 907~956): 중국 역사상 907년 당(唐)이 망한 뒤부터 960년 송(宋)이 건국되기까지의 다섯 왕조 또는 그 과도기를 지칭한다. 정치적으로 불안정한 시기였음에도 불구하고 목판 인쇄술이 발달하여 유교 경전이 모두 발행되고 형호(荊浩) 같은 걸출한 화가가 배출되기도 하였다.

3| **형호**(荊浩): 당나라 말에서 오대 후량(後梁)의 화가. 자는 호연(浩然), 호는 홍곡자(洪谷子). 오대의 난세를 피하여 태행산(太行山)의 홍곡(洪谷)에 은거하여 그림에 전념하였다. 은거지의 산수를 실제로 사생하여 송나라 이후의 산수화풍의 기초를 닦아 놓았다.

4| **심수**(沁水): 지금의 산서(山西)

5| **종릉**(鐘陵): 지금의 강서(江西) 진현(進賢)의 서북 지역

6| **강녕**(江寧): 지금의 남경(南京)

7| **임안**(臨按): 지금의 강소(江蘇) 항주(杭州)

8| **남송**(南宋, 1127~1279): 금나라에 쫓겨 수도를 개봉에서 임안으로 옮긴 후의 송 왕조를 이르는 말. 이전의 송 왕조를 북송이라고도 칭한다. 후에 금과 화의하였으나 북쪽에서 일어난 몽골 제국에 멸망당한다.

9| **변량**(卞梁): 지금의 하남(河南) 개봉(開封)

10| **고종**(高宗 1107~1187): 남송의 제1대 황제(1127~ 1162 재위). 성은 조(趙), 이름은 구(構). 도읍을 임안(臨安)으로 옮기고 금나라와 화의를 맺었으며 남송의 기초를 구축하였다. 서화(書畫) 감상에 능하였다.

11| **문동**(文同, 1018~1079): 북송의 문인, 화가. 자는 여가(與可), 호는 금강도인, 소소 선생, 석실 선생. 지호주(知湖州)로 임명되었으나 부임 전에 죽어서 문호주(文湖州)라고 불리었다. 산수, 화조를 잘 그렸고, 묵죽(墨竹)에 뛰어났다.

12| **미우인**(米友仁, 1086~1165): 송나라의 서화가. 자는 원휘(元暉). 미불(米芾)의 아들로, 예서(隸書)를 잘 썼고 산수화를 잘 그렸으며, 그의 아버지를 '대미(大米)'라 부른 데 대하여 '소미(小米)'라고 불렸다.

13| **이공린**(李公麟, 1049~1106): 북송의 문인이자 화가. 자는 백시(伯時), 호는 용면산인(龍眠山人). 벼슬은 후성 산정관(後省刪定官)을 지냈다. 시와 글씨와 그림에 능하였고, 백묘화를 부흥시켰으며 기자(奇字)를 잘 알아 고증(考證)에 능하였다. 그의 진적(眞跡)으로는 〈오마도권(五馬圖卷)〉이 남아 있다.

14| **양해**(梁楷): 남송(南宋) 영종(寧宗) 때의 화가. 자는 백(白), 호는 양풍자(梁風子). 수묵화를 백묘화(白描化)한 감필 묘법(減筆描法)을 창안하였다. 작품에 〈육조도(六祖圖)〉 등이 있다.

15| **공개**(龔開, 약 1221~1304): 송나라 말기의 유민 화가로 역사서에 기록된 바가 거의 없다. 귀신을 그리거나 말 그림을 잘 그렸는데, 특히 종규 그림으로 이름을 떨쳤다.

16| **동무**(東武): 지금의 산동(山東) 제성(諸城)

17| **청주**(青州): 지금의 하북(河北) 능원(淩源)

18| **화원**(華原): 지금의 섬서(陝西) 동천시(銅川市) 요주구(耀州區)

19| **동기창**(董其昌, 1555~1636): 명나라 시대의 문인, 서화가. 자는 현재(玄宰), 호는 사백(思白). 벼슬은 예부 상서(禮部尙書)를 지냈으며, 행서(行書), 초서(草書) 등에 능하였다. 동원(董源), 석거연(釋巨然)에게 그림을 배워 남화(南畫)의 완성에 기여하였다.

제4장 • 문인화(文人畵)

조맹부의 〈작화추색도(鵲華秋色圖)〉(28.4×93.2cm) 두루마리(대북 고궁 박물관 소장)

조맹부(趙孟頫)와 원대 사대가

북송 문인화론이 남송 회화에 끼친 영향은 그다지 크지 않다. 남송은 북방 금나라의 압력하에 존망의 위기에 처하게 되었다. 유가 정통 사상을 신봉하던 한족 지식인들은 이민족의 침입자를 막아내기 위해 바쁘게 뛰어다니며 시사와 문장으로 애국적인 격정과 이민족 침입자에 대한 분노를 나타냈다. 그러나 송대 이래 정형화된 명예나 이익을 취하지 않는 회화 형식으로는 격렬하고 비통한 생각을 담아내기에 적합하지 않았다. 남송 화원은 2차적인 기능에만 주력하였고, 실제로는 최대한 분방하고 예리한 필법으로 자신의 격정적인 정서를 표현하는 것으로 만족할 수밖에 없었는데, 이는 풍부한 교양을 가지고 절개를 지키고자 했던 유가 문인의 입장에서 보자면 본론을 벗어난 것이었다. 원대에 이르러 사회는 폭풍우 같은 전란을 거친 후 안정을 찾아갔다. 문인 화가들은 남송 시기 저급한 취미의 화풍에 대해 격렬하게 반대하였는데, 그중 원초 서화가 조맹부(趙孟頫)[1]가 가장 대표적이다.

칭기즈칸은 13세기 몽고를 통일한 후 신속하게 강성해졌고, 1291년 쿠빌라이 칸은 대도(大都)[2]에 원나라를 건립하였고, 20년이 채 되기 전에 편안(偏安)에 있던 남송 정권을 소멸시키고 전체 중국을 통치하였다. 쿠빌라이 칸은 개국 초 통치를 공고히 하기 위해 유가 경전 중에서 치국지도를 학습하고 유학자들을 예우하였다. 그 계승자들은 '유가를 가까이하고 도가를 중시(親儒重道)'하는 정책을 진일보시켜, 규장각을 건립하고 서화 감정가 가구사(柯九思)[3]를 감서박사(鑒書博士)로 임명하여 내부 소장 서화에 대한 감별 감정을 진행하였다. 조맹부는 자가 자앙(子昻), 호가 송설도인(松雪道人)으로 송대 황족의 후예이다. 송 멸망 후 쿠빌라이 칸은 '은둔한 문인(遺逸)'을 찾아다녔는데, 조맹부도 추천을 통해 조정에 들어가 관리가 되었다가 쿠빌라이 칸 사후에 은퇴하였다. 조맹부 산수화는 동원과 이성을 본보기로 하였으며, 안마화는 이공린과 당인(唐人)을 따라 배웠다. 묵죽과 화조를 그릴 때 필묵이 가득하고 윤기가 있으며 강건하게 표현하는 데 능했으며, 비백법(飛白法)*으로 돌을 그리고, 서법 용필로 대나무를 그렸다. 명대 동기창은 그의 그림을 평론하면서 '당인의 섬세함은 버렸지만 정교함이 있고, 송인의 조약함은 버렸지만 웅대함이 있다'라고 하였다. 그는 시문에 능하고, 기풍이 부드러우며, 전각에도 능하여, '원주문(圓朱文)'으로 유명하다. 세상에 전해진 서적은 비교적 많은 편이며, 전해지는 그림으로는 〈작화추색도(鵲華秋色圖)〉, 〈홍의나한도(紅衣羅漢圖)〉, 〈유여구학도(幼輿丘壑圖)〉, 〈추교음마도(秋郊飮馬圖)〉, 〈강촌어락도(江村漁樂圖)〉가 있으며, 저서로 『송설재문집(松雪齋文集)』 10권이 있다.

조맹부는 남송원체의 격조를 변혁시키는 데 주력했는데, '그림을

* **飛白法**: 비백서 서체에서 유래된 것으로, 붓이 지나고 난 후 자연스럽게 생기는 흰 여백을 중시하는 표현법

조맹부의 〈추교음마도〉(23.6×59cm) 두루마리(북경 고궁박물관 소장)

오진(吳鎭)의 〈동정어은도(洞庭漁隱圖)〉(146.6×58.6cm) 두루마리(대북 고궁 박물관 소장)

그릴 때는 고의(古意)가 있어야 귀하다. 만약 고의가 없으면 공들여 그린다 한들 소용이 없다'라고 여겼다. 중국에는 '옛 것에 기탁하여 체제를 바꾸는(托古改制)' 전통이 있지만, 원대 화원이 설치되지 않은 상황에서 조맹부 같이 궁정에 직접적으로 들어가 관리가 되고 회화 재능을 갖춘 문인은 상당히 특수한 경우이다. 조맹부는 남송 문화에 대해 부정적인 태도를 가져 원대 통치자의 호감을 얻을 수 있었다. 그가 제기한 '고의론'은 옛 것에 기탁하여 체제를 바꾸는 사유와 부합되어 남송을 넘어 진, 송, 오대와 남송으로 회귀한 것으로, 새로운 화풍을 열었다. 그의 주장과 본인의 설득력 있는 창작으로 원대 이후 배회하고 있던 화가들에게 복고적인 경향을 가지게 하였다.

조맹부의 그림에는 두 가지 기풍이 있는데, 하나는 세심하고 색을 진하게 쓰는 것으로 주로 견본에 채색하였다. 다른 하나는 호방하고 자유로운 기풍으로, 수묵을 위주로 표현하였다. 그는 진, 당과 북송 회화에 대한 경의를 나타내고, 초기에 진, 당의 청록 채색을 주로 하였다. 예를 들어 〈유여구학도〉에서는 배경에 색을 넣고 준법을 하지 않았으며 격조가 고졸하다. 대표작 〈추교음마도〉, 〈욕마도〉에서는 성당 회화의 유풍을 다시 그려 구도가 엄밀하고 채색이 치밀하며 정조가 온난하고 화려하다. 〈작화추색도〉는 앞서 언급한 그림들과 다른 기풍을 지녔는데 평원법 배치와 수묵으로 어우러진 소탈하고 간략하면서 심원한 풍경을 그려, 동기창의 말을 빌리면 동원에게서 배운 화풍이다. 현대 미술사가 왕백민(王伯敏)[4]은 이 그림이 그려진 제남(濟南) 화불주산(華不注山)과 작산(鵲山)의 실경을 고찰한 후, 조맹부가 실지 풍광을 잘 표현한 화가라는 사실을 확인하였다. 수묵산수 〈수촌도〉에서는 전원의 청정하고 아름다움이 그려졌는데, 멀리 있는 산과 가까이 있는 산에 구름이 가득 피어오르고, 앞마을과 뒷마을에 물이 겹겹이 흐르는 경치를 표현하였다. 조맹부는 중봉 용필을 회복하고 남송 화가의 부박한 측봉 준찰법을 버렸다. 그의 수묵 산수는 마치 미불

황공망의 〈구봉설제도(九峰雪霽圖)〉(117.2×57.5cm)(북경 고궁 박물관 소장)

이 제창한 평담천진에 대해 호응한 것 같다. 하지만 이성, 곽희의 법을 취하여 미불의 틈과 '소략함'을 극복하였다. 조맹부는 소식, 문동에 대한 경의의 표시로, 그들의 필취를 모방하여 고목죽석을 여러 편 그렸다. 냉정한 필묵으로 소식의 소략함을 메워 자각적으로 서법을 화법에 활용했고, 화면에 대량의 제사 시구를 써넣었다. 이로써 '문인화는 소동파로부터 시작되고 조맹부에 이르러 크게 발전되었다'라는 설이 생겨났다.

원대 재야에 있던 문인 화가들은 대부분 현실 도피 경향이 있었고 비교적 자유롭게 창작하였다. 그들은 그림을 통해 자신의 생활 방식, 정취와 이상을 표현하였다. 이에 산수, 고목, 죽석, 매란 등의 제재가 대량으로 나타나고 직접적으로 사회생활을 반영하던 인물화는 감소하였다. 사대부는 그림을 논할 때 '사기(士氣)*', '고의(古意)', '초일(超逸)'을 강조하고 '작가기(作家氣)', 즉 소위 장인기(工匠氣)를 반대하였다. 소식, 미불에서 성행했던 수묵 사의화는 문인의 상술한 취미를 나타내는 가장 좋은 방식으로 여겨졌다. 서법 용필로 시, 서, 화를 결합하는 것을 중시하여, 서법이 그림에 있느냐 없느냐가 회화의 성패를 결정하는 결정적인 요소로까지 여겨졌다. 이런 까닭에 '그림을 그리는 자는 반드시 서예를 해야 한다. 화법이 서법 안에 있기 때문이다'라고 인식되었다. 원대 문인 화가는 북송 말기 문동, 소식, 미불 등의 문인화 이론을 좇아, 초상화를 그릴 때는 모습을 버리고 정신을 추구할 것을 제창하며 간일(簡逸)**을 으뜸으로 여겼다. 흥미로운 것은 문인화를 그림 중에서 가장 뛰어난 것으로 여긴 반면, 문인들은 여전히 회화를 취미 활동으로 여겼다는 점이다. 산수화로 유명한 화가 오진(吳鎭)[5]은 '그림을 그리는 일은 사대부가 시문, 서신을 하고 난 나머지 시간에 하는 것으로, 일시적인 흥취를 표현하는 데 적합하다'라고 하였다. 조맹부와 원대 중후기에 등장한 황공망(黃公望)[6], 왕몽(王蒙)[7], 오진을 '원대 사대가'라 하는데, 명나라 말 동기창은 원나라 초의 조맹

* **士氣**: 서권기라고도 하는데, 문인의 기질을 일컫는다.

** **簡逸**: 간결하면서 초탈함

부를 '원나라 사람 중에서 으뜸(元人冠冕)'이라 보고, 원계 사대가 중에 예찬(倪瓚)[8]을 집어넣었다. 이들 사대가는 오대, 북송의 산수화 전통을 계승하였고 창작 방법 면에서 직간접적으로 조맹부의 영향을 받았지만 각기 특색을 가졌다.

원대 사대가 중에서는 황공망이 제일이라는 말이 있다. 황공망은 어려서 '신동'이라는 소리를 들었는데, 경사(經史), 서법, 음률에 정통했고 산곡도 능하였다. 이에 비해 그림은 상대적으로 늦게 배웠다. 그는 일찍이 지방 관직을 맡았으나 중년에 억울한 누명을 써 감옥살이를 했으며, 석방 후에는 다시 벼슬길에 나가지 않았다. 이후 은거하며 숲 속에 앉아 새를 바라보며 강호를 방랑하고 그림 그리는 것에 몰두하다가 50세에 세상을 떠났다. 황공망은 조맹부의 수묵 화법을 발전시켰고 동원, 거연의 화풍을 좇아 피마 준법을 주로 사용하였다. 말년에는 화법을 크게 변화시켜 초주 필법(草籀筆法)을 운용하였고, 준법은 많이 쓰지 않았다. 드넓고 간결하면서 심원하고 기세가 웅대하고 수려하여 '산봉우리가 강건하고 초목이 무성하며 윤기가 난다'라는 평가를 받았다.

채색을 할 때 담갈색을 많이 사용하여 '엷은 자홍색(淺絳)'이라 칭하였고 산머리에는 바위가 많아 강건한 기풍을 주고 있다. 그의 수묵산수는 쓸쓸하고 수려하며 필묵이 소탈하고 경계가 높고 광활하며, 운치가 조맹부의 작품보다 한수 위이다. 현존하는 작품으로 〈부춘산거도(富春山居圖)〉, 〈천지석벽도(天池石壁圖)〉, 〈구봉설제도(九峰雪霽圖)〉 등이 있다.

왕몽은 자가 숙명(叔明)이고 호가 향광거사(香光居士)로 자호가 황학산 나무꾼(黃鶴山樵)이다. 왕몽은 조맹부의 외조카이며 서화 명문 집안 출신으로, 벼슬을 한 적도 있었지만 곧 벼슬을 버리고 임평(臨平)[9]의 황학산에 은거하였다. 원의 멸망 후 왕몽은 산동 태안(泰安) 지주청사(知州廳事)를 역임하다가 홍무(洪武) 18년(1385) 호유용(胡惟庸) 사건에

황공망의 〈섬계방대도(剡溪訪戴圖)〉(76.6×55.3cm)(운남성 박물관 소장)

* 枯筆: 묵을 적게 묻힌 붓으로 그림을 그리거나 글씨를 쓰는 것

연루되어 감옥살이를 하던 중 사망하였다. 왕몽은 박학하고 기억력이 좋았으며 시문과 서화에 모두 좋은 기초를 가지고 있었다. 회화는 조맹부의 영향 외에 황공망의 지도를 받았으며 동원, 거연 화법을 모델로 삼았다. 그의 산수화는 수묵을 위주로 하였고 간혹 채색을 하기도 하였는데 고필(枯筆)*을 잘 사용하였고, '우모 준법(牛毛峻法)'과 '해소 준법(解素峻法)'을 창조하였다. 화면이 반복적이면서 세밀하고 자유분방하며 다양하고, 여러 번 겹쳐 그려 필묵이 성글다. 산을 무성하게 배치하여 산봉우리가 열 겹 정도 겹쳐져 있지만 수목은 수십 종에 지나지 않게 그렸다. 또한 필법은 굳세며 무성하고 온후한 아름다움을 가지고 있으며, 무성하고 울창하며 윤택한 강남의 숲을 표현하였다. 왕몽은 원대 창조적인 산수화 대가로, 명청 및 근대 화가들 대부분 그의 영향을 받았다. 현존하는 그림으로 〈하일산거도(夏日山居圖)〉, 〈하일고은도(夏日高隱圖)〉, 〈갈치천이거도(葛稚川移居圖)〉 등이 있다.

〈하일산거도〉는 종이에 그린 수묵화로 길이가 36.2m, 폭이 36.2m이다. 현재 북경 고궁 박물관에 소장되어 있다. 이 그림의 심원한 곳에는 높은 산과 봉우리가 있고 중부에는 기이한 높은 봉우리가 있다. 이 봉우리는 멀리서 보면 마치 푸른 하늘을 치르는 거대한 송곳처럼 높이 솟아 매우 험준한 모습이지만 자연의 정취가 가득하다. 그림 근경 하단 부분에는 고송(高松)이 언덕을 따라 심어져 있다. 소나무 아래 바위 옆에는 물이 매우 평화롭게 흐른다. 숲 위로는 바위가 있고 바위 위에는 상투 같은 산이 있고 산 아래 물이 흘러 모래사장을 휘감아 구불구불 흘러 들어가 멀고 가까움이 눈앞에 선명하다. 골짜기는 세 겹이지만 매우 촘촘하고 상쾌하며 깊고 아름답다. 모래섬 주변에 공백을 두어 실한 가운데 허한 예술적 효과를 거두었다. 전체 그림에 험준한 산, 고목과 계곡, 쏟아지는 폭포수가 서로 잘 어우러져 소리와 색채가 자연과 잘 조화롭게 구성되어 있다. 화가는 자신의 독특한 기풍을 유감없이 발휘하여 구도가 심원하고 구조가 세밀하게 꽉 차 있

는데, 원대의 간결한 화풍과 확연한 차이를 보여준다. 그림 속 제자(題字)에 근거해 추정해봤을 때 이 그림은 만년의 작품으로 판단된다.

오진은 절강(浙江) 가흥(嘉興) 사람으로 자가 중규(仲圭)이다. 성품이 매화를 좋아하여 스스로를 매화도인(梅花道人), 매화사미(梅花沙彌), 매화화상(梅花和尚)이라고 칭하였다. 성정이 도도해서 사람들과 어울리지 못하고 중년에는 집 안에 틀어박혀 은거하였다. 집이 가난하여 점을 쳐주며 생계를 이어갔으며, 스스로를 '도인' 또는 '화상'이라고 칭하고 불교에도 뜻을 두었다. 이는 당시 사회에서는 보편적인 상황으로, 오진은 자신의 회화를 '유가 도교 관념'으로 해석하였다. 기법상 오진은 산수 수석을 그릴 때 동원, 거연을 귀착점으로 삼고 더러 형호, 관공도 본보기로 삼았다. 그는 습필(濕筆)*을 주로 사용하였고, 필법이 웅대하고 기운차며 묵기가 웅건하고 윤기가 난다. 명대 산수 화가 운남전(惲南田)은 그의 그림을 다음과 같이 평가하였다. "오진은 황공망과 같이 동원, 거연을 배웠으나, 오진은 침울함을, 황공망은 간략하고 자유로움을 귀하게 여겼다. 두 사람 모두 기풍이 다르지만 각각 예술적 성과를 이루었다." 그의 산수화에서는 '어부의 은거', '어부'를 주제로 그린 것이 많았는데, 사실은 세속을 피해 강호에 은거하며 방랑하는 은사의 생활을 상징한 것으로 고고하고 은일한 사상을 나타낸다.

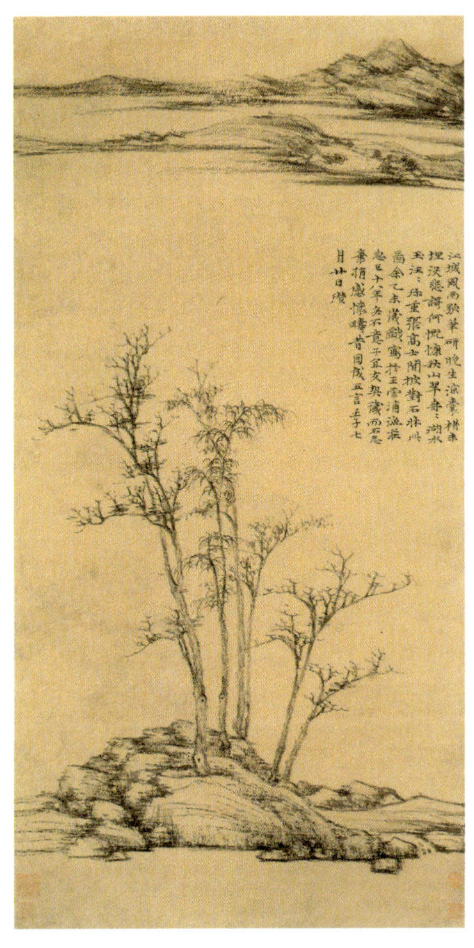

예찬의 〈어장추제도(漁庄秋霽圖)〉(96×47cm)(상해 박물관 소장)

예찬은 초명(初名)이 연(珽)이고, 자는 원진(元鎭), 호는 운림자(雲林子), 환하자(幻霞子), 형만민(荊蠻民), 경서은자(經鋤隱者) 등이며, 강소 무석 사람이다. 오진과 달리 예찬은 부유한 가정에서 태어나 스스로 원

---

* **濕筆**: 당대(唐代) 장조에서부터 시작된 중국화 기법으로, 건필(乾筆)과 상대적으로 붓에 물을 많이 적셔서 표현하는 기법

림을 건설하였다. 또한 '청비각(淸閟閣)'을 지어 그윽한 정취를 더했는데, 새소리를 들으며 서화를 그리고 글을 짓고 누각에 보관하였다. 만년에 이르러 출가 사상은 더욱 극심해져 토지와 재산을 매각하였고, 사회 동란을 맞이하자 아예 가족을 버리고 일엽편주에 삿갓을 쓰고 강호를 왕래하며 20년을 보낸다. 이 시기에 그는 그림에 전념하여 산수화에서 일가를 이루었다. 말년에 그는 세관에 반대하여 체포되었다가 석방 후 곧 사망하였다. 예찬의 화법은 동원의 영향을 가장 많이 받았고 형호, 관공의 기법을 참조하였다. 용필을 직각으로 꺾어 표현하는 '절대 준법(折帶皴法)'을 창조하여 산석 수목을 그렸고 이성을 본보기로 삼았다. 그는 주로 태호(太湖) 일대의 경치를 주로 제재로 하였고, 성글게 만들어진 숲과 비탈진 기슭, 얕은 여울목에 먼 산을 그렸고, 의경은 청신하고 고아하면서도 황량하고 쓸쓸하다. 그는 근경에 낮은 언덕을 배치하고 위로는 대나무 숲, 그 사이에는 초가집이나 그윽한 정자를, 중경에는 물결이 잔잔한 물을, 원경에는 기복이 많은 산봉우리를 배치하였다. 용필은 가볍고 조필(燥筆)*을 주로 사용하며 묵색이 간결하고 담백하면서도 중후하고 청온하다. 섬세하고 부박한 느낌은 없고 담백한 먹으로 간결하고 생기 있게 전체 화면을 처리하여, 천진하고 그윽하고 담백하여 어린 듯하지만 실제론 성숙하게 보인다. 초, 중기에 그린 그림은 웅혼한 가운데 자연스럽고 비범한 맛이 있다. 만년에 그린 그림에는 힘찬 가운데 초탈한 경지가 있으며 처량하고 추운 느낌이 있다. '간결한 가운데 복잡함이 깃들어 있는(簡中寓繁)' 기풍은 명청 시대 문인 수묵화에 많은 영향을 주었다. 현존하는 작품으로 〈두릉시의도(杜陵詩意圖)〉, 〈사자림도(獅子林圖)〉, 〈어장추제도(漁庄秋霽圖)〉와 〈육군자도(六君子圖)〉 등이 있다.

원대 사대가의 수묵 산수화는 북송 시기에 형성된 산수화와 다른 취향을 보인다. 동기창은 이를 개괄하여, '황공망, 예찬, 오진, 왕몽 사대가는 모두 동원, 거연으로부터 시작하였고 이름을 크게 이름을 떨

* **燥筆**: 먹량을 매우 적게 한 용필법

쳐 지금까지 중국 내에 영향력을 미친다'라고 하였다. 또한 동원의 영향을 받은 원대 사대가는 후기 산수화의 가치 취향을 결정하였다. 산수화의 이후 계승자는 그들에 대한 존경을 나타내지 않은 사람이 없었다. 예를 들면 오만함으로 이름난 청대 화가 석도(石濤)[10] 조차 '대치(황공망), 원림(예찬), 황학산초(왕몽)는 고인을 넘어섰다'라고 하면서 존경심을 숨기지 않았다. 중국 전통 문인 세계 중에서 '고인을 넘어섰다(破古人)'라는 평가는 대단한 칭송을 받았는데, 이는 그의 그림이 대담하며 선인을 능가하고 있음을 의미한다. 후대 화가들이 원대 사대가를 추종했던 이유는 그들이 이룩한 필묵 기법뿐 아니라 몸소 문인 사대부들의 이상을 행하려고 노력하였고 그들이 가진 인간적인 매력 때문이었다. 황공망, 예찬, 오진, 왕몽 사대가의 살아온 환경과 경력은 모두 달랐지만 귀착점은 같았다. 그들은 서로를 인정하였고 교류하면서, 공통적인 사상적 경향을 가졌다. 또한 '청고함'을 추구하였고, 세속적인 일과 구속에서 벗어나려고 힘썼다. '천리(天理)'와 공정함을 추구하여 유학을 본으로 하면서도 도를 공부하였고 참선을 하였다. 이들은 현실 도피적 인생관을 칭송하며 '사물 바깥에서 초연함'을 추구하고 '깊은 산, 들판과 강을 벗 삼아' 청산에 누워 구름을 바라보는 것에 대단한 흥취를 가지며, 자연과 천인합일을 이루고자 하였다. 이는 17세기 서구 철학가들이 추측한 '자연 신학'에서 달성한 것처럼 산수를 종교적인 경계에까지 승화시켰다.

매화, 난, 대나무, 돌

송나라 말부터 원대를 거치면서 북송, 남송 시기 문인 묵객과 화가들이 궁정에서 총애를 받던 시대는 끝이 났다. 정치 공리적인 고려에서 통치자는 유교를 존중하는 것이 대세라고 보고, 적극적으로 조맹부 같이 '은일'하고 있는 사람들을 찾아다녔다. 그러나 대다수의 시인, 화가, 유학자는 항주(杭州)를 떠나 소주(蘇州), 양주(揚洲) 등지 등으로 이전하며 생활하였다. 원대 사대가는 세간의 시비가 끊이지 않았던 도시를 떠났지만 왕몽, 예찬은 불행히도 관청 사건에 연루되어 비명에 죽었다. 정치적인 억압, 문자옥과 추한 궁정의 권모술수는 지식인의 심경을 내향적으로 만들었다. 매화, 난, 대나무, 돌(또는 국화)이 그림의 주제로 자주 사용되었던 것은 이들 네 가지가 내포하는 특수한 문화적 의미 때문이다. 난과 대나무는 청고함을 상징하고, 대나무와 돌은 품격과 의지를 상징하며, 그들을 인격화하여 대나무를 '군자'라고 칭하였고, 난을 '미인'으로 칭하였다. 소식은 매우 자유로운 스타일로 대나무, 고목과 괴석을 그렸는데, 송대 철학가 주희(朱熹)는 이를 다음과 같이 평하였다. "소식의 그림은 일시적인 소일거리 삼아 그린 그림을 넘어서 있어 무시할 수 없다. 자신만만한 위세로 고금을 아우르는 것에서 그 사람됨을 볼 수 있다."

매화, 난, 대나무, 돌(국화)은 문인화의 주제로, 산수화와 함께 발생하였다. 이는 회화 취향의 역사적 전환을 의미한다. 당대, 송대에 이르러 화조화와 산수화는 독립적인 회화 양식으로 형성하여 제재도 광범위해졌다. 미술사가들은 화조화가 산수화보다 훨씬 일찍 시작되었다고 보고 신석기 시대 채도 문화에서 식물과 동물을 주제로 창작된 도안으로까지 거슬러 올라간다. 당대에 꽃, 나무, 동물을 잘 그리는 사람이 80여 명에 달했는데, 그중 전문적으로 화조화를 그리는 사람이 더 많았다. 화조화는 일찍이 궁정 취향을 체현하는 중요한 회화 양식으로, 오대 궁정 화가 황전(黃筌)[11]의 세밀한 필치와 채색으로 완성된 작품이 이에 속한다. 오랫동안 궁에 갇혀있었던 황전은 황가의 진귀한 동물과 기이한 꽃과 돌을 묘사하는 데 치중하였다. 동시대 서희(徐熙)[12]는 사치스러운 기운을 싫어하고 강호 자연에서 배회하는 것을 좋아했는데, 담색과 먹필로 물가에 핀 꽃, 물새, 물고기와 곤충, 과일과 채소를 잘 그렸다. 황전이 부귀한 궁정 생활을 하고 서희가 은

번천수(藩天壽)의 〈송석매월도(松石梅月圖)〉(329×149cm)(번천수 기념관 소장)

* **寫生**: 실물이나 실경을 직접 보고 그리는 그림

** **黃體**: 황전이 창립한 표현 양식

일한 생활을 했다는 점에서 차이를 보여주고 있지만 모두 사생(寫生)* 을 중시하였다("황전의 그림에는 부귀가 있고, 서희의 그림은 은일하다. 각기 자신의 뜻을 드러내고 자신에게 익숙한 것을 그렸으니, 마음으로 얻은 것을 손으로 그렸다."). 황전과 서희의 진적은 많이 보이지 않지만 화원이 흥성했던 송대, 명대 시기 황전이 창립한 '황체(黃體)**'는 궁정 화가에 의해 계승, 발전되었고, 서희의 기풍은 재야의 화가들에게 계승, 발전되었다. 오대 및 북송 시기의 산수화와 같이 이 시기의 사물을 세밀하게 묘사한 도상은 보는 이를 '자연 신학'의 숭고한 경계로 이끈다. 이 점에 대해서는 『선화화보 · 화조서론(花鳥敍論)』에서 다음과 같이 언급하고 있다.

"모란꽃과 작약꽃, 난새와 봉황새, 공작새는 부귀함을 상징한다. 소나무, 대나무, 매화, 국화, 갈매기, 해오라기, 기러기, 오리는 정숙함을 나타낸다. 학이 지조 있게 서 있는 모습, 매의 격투, 버드나무와 오동나무의 무성한 가지가 바람에 흔들리는 모습, 키 큰 소나무와 오래된 잣나무는 굳은 절개를 나타낸다. 이러한 형상에 뜻을 투영시켜 보는 이로 하여금 무엇인가를 생각할 수 있게 한다면, 마치 산 정상에 올라 만물을 얻는 것 같다."

전업적으로 세밀하게 그린 화조화는 계속 발전했으며, 특히 궁정 화원에서 두드러지게 발전하였다. 화가들은 화조의 전신(傳神)을 담아내기 위해 엄숙하고 진지한 노력을 하였다. 매화, 대나무와 돌, 난, 포도 등은 독립적인 양식이 되었고 문인화에서 즐겨 사용하는 소재가 되었다. 『선화화보』에서는 '담묵으로 표현한 그림 중에는 실제 형상과 비슷하지 않지만 형상 외의 형상을 얻은 바가 있다. 이들 그림은 회화사에서는 거론되지 않지만 사인이나 묵객의 작품에서 주로 나온다'라고 하였다. 소식, 문동이 그러했던 것처럼 문인은 화공과 같은 방식으로 눈앞에 있는 사물을 그대로 그리지 않았다. 그들은 화원에

번천수의 〈증해연묵란(贈海燕墨蘭)〉(33×126cm). 1944년(개인 소장)

서 성행했던 황체에 대해서는 일고의 가치가 없다고 여겼다. 그들은 대상을 선택할 때 상징과 비유를 하기 위해서 사물의 외형을 엄격하게 추구하지 않았다. 오히려 괴이한 돌과 고목류에서 문인이 가진 글, 생각과 기질을 화법에 표현하고자 하였다. 산수에 비해 화조화는 문인이 가지고 있던 묵희를 쉽게 드러낼 수 있었을 뿐 아니라 한 폭의 그림에 시, 서, 화, 인(印)의 '사절(四絶)'을 보여주기에 더욱 적합하였다. 이 외에 궁정 화가와 문인 사이에서 그림을 그린 일군의 화가들이 있다. 이들은 문인화의 고아함을 좋아하면서도 세세한 묘사도 배척하지 않았다. 원명 시대에는 색채를 배척했지만 비교적 사실적인 '수묵쌍구(水墨雙鉤)*'의 작품도 많았다. 원대 왕연(王淵)[13], 명대 변문진(邊文進)[14], 임량(林良)[15] 및 '오문파(吳門派)'의 심주(沈周)[16], 문징명(文徵明)[17], 당인 등의 화조화 대부분이 여기에 속한다.

원대에는 수묵을 주로 한 매죽(梅竹)과 화조 사의화가 두드러진 성과를 보여주었다. 이는 현실 정치와 멀어지지 않으면 안 되는 문인 사대부의 관점에서 본다면, 서희의 '은일'한 화조화는 그들의 몸과 마음에 어느 정도 위로를 가져다 줄 수 있었다. 원대 초기 조맹부와 원대 사대가의 일원인 왕몽, 예찬과 오진은 모두 대나무, 돌 그림의 고수였다. 궁정 규장각 감서박사 가구사는 묵죽화를 '문인의 우아한 일'로 규정하였다. 농민 출신 왕면(王冕)[18]은 과거 낙제 후 고향에 은거하며 '매화옥주(梅花屋主)'로 칭해졌다. 그는 매화를 그릴 때 먹색이 청신

* 水墨雙鉤: '겸공대사(兼工帶寫)'라고도 칭한다.

서위(徐渭)의 〈묵포도도(墨葡萄圖)〉(116.4×64.3cm)(북경 고궁 박물관 소장)

하고 매우 천진난만하게 그렸다. 한편 명대 중기에 출현한 시인, 화가이자 극작가인 서위(徐渭)[19]는 화조화를 고전적인 취향에서 문인들의 취향으로 근본적으로 전환시켰으며, 근세 대사의 수묵화의 탄생에 큰 역할을 하였다.

서위는 자가 문장(文長), 호는 천지(天池), 청등(青藤)으로, 절강 산양(山陽)[20] 사람이다. 어려서 지은 잡극 「사성원(四聲猿)」이 명대 대극 작가 탕현조(湯顯祖)의 지지를 크게 얻었다. 서위는 일생 가난하였으며, 여러 차례 과거에 응시하였지만 낙제하였고 정신 이상으로 후처를 살해하여 체포되었다. 출옥 후 그의 나이는 이미 노년에 접어들었지만 73세에 사망할 때까지 10여 년간을 예술 창작에 몰두하였다. 그는 일찍이 시에서 자신의 삶을 다음과 같이 반추하였다.

> 살아온 반생애 초라한데 이미 노인이 되어버렸네.
> 홀로 서재에 서니 저녁 바람 불어오고
> 붓끝에 피어난 구슬 팔 곳 없으니
> 하릴없이 들판 등나무에 던져버리네.

서위의 화조화와 서법은 세간에서 '청등체(青藤體)'라고 칭해졌는데, 송대, 원대 및 심주, 임량 등의 장점을 취하였다. 오문파 문인화의 편안하고 우아한 취향을 반대하고, 격정적인 심정을 직접적으로 표출하였다. 그는 현실 세계 물상의 한계를 대담하게 극복하고 물상에 강렬한 감정을 부여하였다. 또한 사물에 감정을 싣거나 제사를 빌어 감정을 발휘하였다. 광초서와 같은 필법으로 붓을 마음껏 휘둘렀으며, 형상에 얽매이지 않았다. 먹색에는 매우 윤기가 흘렀고 자연스럽게 선염지의 스며드는 효과를 충분히 발휘하였다. 현존하는 작품으로 〈목단초석도(牡丹礁石圖)〉, 〈묵포도도(墨葡萄圖)〉, 〈묵화도(墨畵圖)〉 등이 있는데, 모두 붓에 먹을 가득 적신 후 마음껏 휘둘러 흥을 표현하였다. 청대 서화가, '양주팔괴(楊州八怪)' 중의 한 명인 정판교(鄭板橋)는 그의 그림을 보고 크게 감탄하며, 일찍이 '금 50냥으로 서위의 석류와 바꾸고 싶다'고 하며 '청등문하주구(青藤門下走狗)*'라는 도장을 새겨 그에 대한 존경을 나타냈다. 근대 제백석(齊白石)[21]도 서위를 언급하며 자신이 300년 일찍 태어나 '서위의 먹과 종이'가 되지 못한 것이 한스럽다며 그에 대한 무한한 존경을 나타냈다. 서위의 광초서 같은 수묵 대사의 기풍은, 청대의 화가 주탑(朱耷)[22], 석도, 양주팔괴, 근대 화가 오창석(吳昌碩)[23], 제백석 등의 화풍에 영향을 끼쳤다.

* **青藤門下走狗**: 청등의 문하에서 그를 좇는 개라는 뜻으로, 정판교가 서위의 재능과 문장을 얼마나 좋아했는지 짐작할 수 있다.

남북종(南北宗)

원대 초기 조맹부는 '고의설'을 제기하였는데, 예전의 경전을 빌어 남송 말기 몰락한 취미를 회복하여, 새로운 기풍을 만들었다. 조맹부 본인 및 원대의 사대가는 그들이 기대했던 회화 기풍으로의 변화를 완성하였다. 원대 사대가 이후 명, 청대에 이르러, 복고주의의 경향이 뚜렷하게 나타나 고인을 모방하는 기풍이 성행하였다. 이에 집집마다 황공망의 그림이 있었고 사람마다 황공망을 모방하는 경지에 이르렀으며, 삼류 화가들도 황공망 등의 추종자로 자처할 정도였다. 명대 화가들은 자연에 대한 탐색은 중지했지만 '은일'은 숭상하였다. 하지만 그 은일 또한 진산진수가 아니라 고대 화가의 그림과 필묵에 나타난 자연 속에서 추구하였다. 그들은 고인의 그림과 필묵에서 산, 돌, 나무가 어떻게 묘사되었으며, 어느 시대 어느 작가의 작품인지 출처를 찾아냈다. 그들은 자신의 손에 있는 걸작을

서위의 〈목단초석도〉
(120.6×58.4cm)

심주의 〈산수도(山水圖)〉

너무도 소중히 한 나머지, 걸작을 임모하여 얻게 되는 체험을 고상한 회화 취향을 얻는 최상의 길이라고까지 간주하기에 이른다. 여기에 강남 지역의 상업적인 번영과 도시 생활의 화려함이 더해져, 자연은 생기 없고 혹은 필요 없는 지경에까지 이르게 되었다.

명대는 원대에 금지했던 화원을 회복시키고 문인화의 중심을 강남에 집중시켰다. 소주 부근에서 활동했던 심주, 문징명, 당인(唐寅)[24], 구영(仇英)[25] 등 '오문 사대가(吳門四大家)'는 명대 문인화의 수준을 대표한다. 명나라 말에 후기 오문파의 지도적 지위는 상해 막시룡(莫是龍)[26], 동기창 등 '화정파(華亭派)'로 대체되었다. 항주 지역의 '무림파(武林派)' 혹은 '절파(浙派)'의 대진(戴進)[27], 남영(藍英)[28]은 어떤 의미에서 마원 등으로 대표하는 남송 회화를 계승했지만, 원대 문인화의 영향도 받았다. 명대에는 송, 원 회화를 세밀화하고 형식화하는 경향이 있었는데, 송, 원의 문인화는 화원과 화공의 형식화된 표현 방법이 수식적이고 상투적이라 반대하며, 회화는 '필묵의 자유로운 추구'일 뿐

이라고 인식하였다. 소식 등은 그림을 통해 스스로 즐거움을 찾거나 관념을 드러냄으로써 사상과 행위의 자유 및 '도'에 대한 관념을 강조하였다. 문인화는 원대의 발전을 거쳐 송대에 이르러 경전이 될 만한 작품을 많이 남겨 형식과 체계를 형성하였다. 문인 화가들은 옛 것을 빌어 제도를 고칠 때에도 그들이 인정하는 고대 경전을 본보기로 삼았다. 명대 서화가와 감상가는 중국 회화를 송대 미불 부자와 원대 사대가들에 의해 완성되어, '천하의 능사가 모두 이루어졌다'라고 하였다. 그들은 기존 문인화파의 사상과 기법을 해석하고, 이를 정리 및 총결하는 것이 자신의 임무라고 여겼던 것 같다.

구영의 〈도원선경도(桃源仙境圖)〉(175×66.7cm)(천진시 예술 박물관 소장)

오문파의 심주, 문진명의 세밀하고 변화가 많은 화풍에는 이러한 의식이 잘 나타나 있다. 평생 벼슬을 하지 않은 심주는 생의 에너지를 시문과 서화에 집중한 학자형 직업 화가라고 할 수 있다. 현존하는 그의 작품으로 두 편이 있으며, 모두 대북 고궁 박물관에 소장되어 있다. 〈노산고도(廬山高圖)〉는 박력이 있으며 웅장한 기상을 보여주는데, 전체적으로 원대 왕몽의 준법을 채용하였다. 이러한 기법을 다른 작품에서는 사용하지 않은 점으로 보아 그가 이 그림에서 왕몽의 화법을 정리하고 총결하는 데 주요 목적이 있었음을 알 수 있다. 심주는 〈야좌도(夜坐圖)〉에서 산속 밤의 풍경을 그렸는데, 산기슭에 초가집이 있고, 그 안에 촛불을 들고 무릎 꿇고 앉아있다. 여기에서 그는 온건하고 습윤한 중봉, 즉 원대 사대가의 또 다른 구성원인 오진의 필법을 사용하였고 오진의 도도하고 은일한 격조도 남기고 있다. 그림의 위쪽에 작가는 400여 자에 달하는 '야좌기(夜坐記)'를 지어 그림, 문학, 서법을 한데 융합하였다. 야좌기는 청

당인의 〈맹촉관기화도(孟蜀官妓和圖)〉(124.7×63.6cm)(북경 고궁 박물관 소장)

려한 문체로 철학적인 내용을 담고 있는데, 밤에 들리는 각종 자연의 소리에 대한 반응과 감흥, 그리고 고요한 바깥 세상과 정돈된 마음의 경지를 표현하고 소음이 끊이지 않는 세상을 개탄하였다. 심주는 동시대의 절파 대진의 작품을 임모하였는데, 우연히 상대방의 그림 속에서 '고의'를 읽어내고 계시를 얻어 고의를 더욱 철저하게 표현하려고 하였다. 문징명은 심주의 동향인이자 그의 학생이었다. 이들은 둘 다 벼슬에 무심하였고, 시, 서, 화의 삼절에 뛰어났다. 문징명은 세밀한 붓을 사용한 산수화와 아담한 정취가 있는 청록 산수화를 그렸다. 그의 그림은 정밀하고 고상하며 서정이 풍부하였으며 대나무와 난을 그린 그림도 소탈하고 청윤하였다. 심주, 문징명 두 사람은 비슷한 면이 많아 함께 언급되기도 하는데, 그들은 모두 비교적 조용한 처세 태도를 가지고 있었으며, 상대적으로 경력이 단순하며 가정환경이 풍족하여 감상적인 방식으로 문인 생활을 보내며 그림을 그릴 수 있었다. 세상사에 초연한 이들에 비해 후기에 출현한 동기창과 그의 담론은 논쟁적인 색채를 지닌다. 동기창의 회화는 오대 북송 동원, 거연, 북송과 원대 예찬, 황공망의 장점을 취하였고, 그가 그린 산수, 수석, 구름과 연기의 움직임은 수려하고 소탈하다. 동기창이 제창한 '남북종론(南北宗論)*'은 중국 회화사에서 커다란 지위와 영향력을 가진다.

동기창은 자가 현재(玄宰), 호는 사백(思白), 향광거사(香光居士)로 화정(華亭)[29] 사람이다. 그는 진사(進士), 대학사(大學士) 출신으로 남경예부상서(南京禮部尙書)의 관직에까지 이르렀다. 그는 일찍이 명대 황제들의 선생님을 역임하였으며, 유명한 화가였을 뿐 아니라 중요한 감식가이자 수장가였다. 그는 황공망의 〈부춘산거도〉가 포함된 원대 사대가의 정품을 소장하고 있었으며 진귀한 오대 동원의 진적을 소장

* **南北宗論**: 명나라 말 동기창과 막시룡 등이 중국 역대 회화를 선종의 남북 분파에 착안해 출신과 화풍에 따라 남북이종(南北二種)으로 구분한 데서 생긴 이론. 남종화는 문인들의 내면세계를 수묵이나 엷은 담채로 주로 그렸으며, 북종화는 화가들이 짙은 채색과 꼼꼼하게 외형 묘사를 중심으로 그렸다.

하였다. 그는 서화에 노력하는 한편, 문장을 써서 문인화를 크게 제창하였다. 그가 제창한 남북종론은 중국 회화사에서 매우 커다란 영향력을 미쳤다. 그는 여기서 회화 원류 문제를 언급하고 문인화의 평가 기준을 제시하였다. 동기창과 함께 화정파에 속한 막시룡은 먼저 중국 불교에 남방과 북방 두 개의 교파 분석을 회화사 서술에 인용하며 다음과 같이 말하였다.

"선종에 남종과 북종이 있는데 이는 당대부터 구분되어졌다. 그림에도 남종과 북종이 있는데 이 역시 당대부터 구분이 있었지만 그 사람이 남이냐, 북이냐에 따라 나누어지는 것은 아니다."

회화에서 '남북종' 구분은 작가가 남인이냐 북인이냐에 따라 결정되는 것이 아니라 그림의 격조, 기풍에 따라 결정된다. 회화의 '북종'은 당대 어용 화가 이사훈 부자에게서 시작되고, 송대 남송 화원의 마원, 하규에 의해 계승되었다. '남종'은 회화사에서 당대 시인이자 화가인 왕유에게까지 거슬러 올라가는데, 오대 동원, 송대 미불 등에 의해 전승되다가 원대 황공망 등 사대가에 이르렀다. 막시룡은 동기창의 동료이자 친구이며 연장자로, 평소 교류가 많았고 관점이 완전히 일치하였다. 다음에서 동기창은 막시룡의 견해에 힘을 실어 문인화의 원류와 계보를 분명하게 정리하였다.

"문인화는 왕유에서 시작되었고 그 후 동원, 승려 거연, 이성, 범관이 그 뒤를 이었다. 이용면(李龍眠), 왕선, 미남궁(米南宮) 및 미불, 미우인 부자는 모두 동원, 거연에서 그림을 배웠고 원대 사대가 황자구(黃子久), 왕몽, 예찬, 오진이 그 정통성을 이어갔다. 이어 문징명, 심주는 그 의발을 전수받았다. 하지만 마원, 하규 및 이당, 유송연(劉松年)은 대이장군파(大李將軍派)로 우리가 배워야 할 것은 아니다."

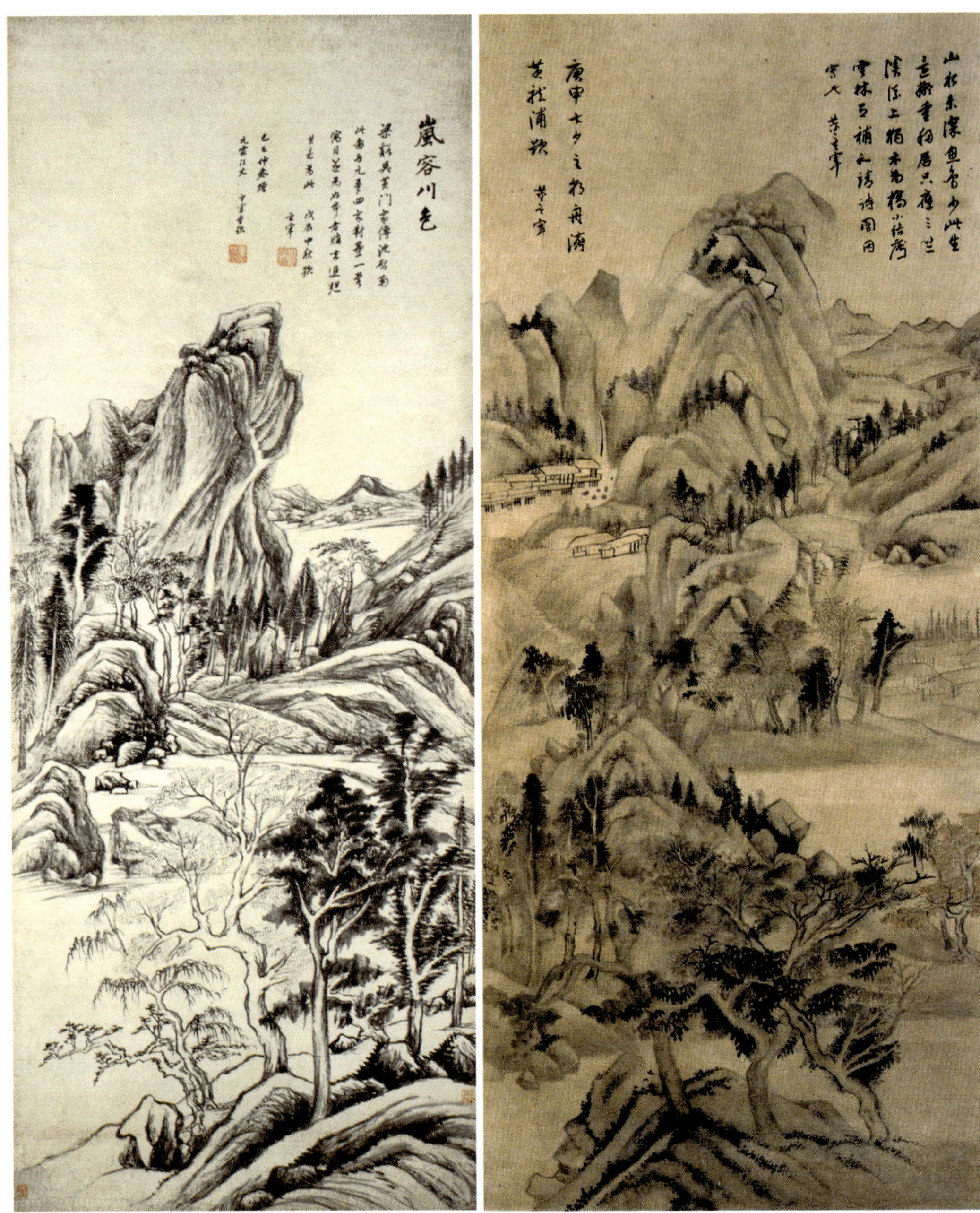

좌 동기창의 〈남용사천색도(嵐容四川色圖)〉(138.8×53.3cm) 두루마리(북경 고궁 박물관 소장)

우 동기창의 〈임화정시의(林和靖詩意)〉(154.1×64.3cm)(북경 고궁 박물관 소장)

동기창과 다른 동향이자 동료인 진계유(陳繼儒)도 다음과 같이 말하였다.

"이파(李派)*는 극히 세밀하고 사기가 없으며 왕파(王派)**는 평화롭고 자연스러운데, 이는 신수의 선이 혜능의 선⁑을 따를 수 없는 것과 같은 이치이다."

'남북화론'은 동기창의 영향력으로 크게 전파되어 명청 시대 문인화의 발전 방향을 좌우하였고, 중국 회화사에 유파 이론 체계를 마련하였다. 유파의 구분과 관련해서는 유럽 회화사에서도 비슷한 상황이 있는데, 문예 부흥 시기 이탈리아 예술과 네덜란드 등 북방 회화에 관한 묘사가 그러하다. 기법과 기풍의 특징에서 유파를 구분한 것으로 볼 때 편향적이지는 않지만, 문인 화가 동기창의 '남종화'에 대한 존경과 찬양이 지나치게 드러나 있다. 남종화는 거의 문인화와 동일한데 돈오(頓悟), 사기, 평화롭고 자연스러움을 강조하는 것 외에 몸은 관직에 있지만 뜻은 은일에 두는 문인 사대부의 정조와 인격적 우월함을 더욱 표방하고 있다.

사승(四僧)과 사왕(四王)

순치(順治)[30] 연간에서 강희(康熙)[31] 연간 초기에 문인 산수화가 흥성하게 되는데, 이때 확연히 다른 예술적 지향점을 가진 두 유파가 형성되었다. 명나라 말 동기창을 직접적으로 계승한 사왕화파(四王畵派)는 모고(摹古)⁂를 기본으로 하는 유파로 황실의 중시를 받으면서 화단의 정통 지위를 차지하였다. 한편 강남 지역에서 활동한 명나라 말기 유민 화가들은 산수에 정을 기탁하고 그림을 빌어 자신의 회한을 나타냈다. 이들은 예술적으로 개척과 창조 정신을 갖춘 유파로, 사승

* **李派**: 이사훈과 북종

** **王派**: 왕유와 남종

⁑ 혜능과 신수는 당대 고승으로 중국 선종의 남종선, 북종선 창시자다. 신수와 북종선은 점오파로, 점진적인 수련을 통해 깨달음을 얻을 수 있다고 보았다. 이에 반해 혜능을 대표로 하는 남종선은 장기적인 수행은 불필요하다고 보고 '돈오'를 통해 깨달음을 얻을 수 있다고 보았다.

⁂ **摹古**: 옛 것을 모방하는 것

(四僧) 및 금릉팔가(金陵八家), 신안파(新安派)가 대표적이다.

사승은 주탑, 석도, 석계(石溪)[32], 홍인(弘仁)[33] 네 사람을 일컫는다. 명말, 중국 북방에 살던 만주족이 북경에 진입하여 청을 건립하면서 남송 원초의 역사가 다시 되풀이되었다. 주답과 석도는 명대 황실의 후예였고, 석계, 홍인도 스스로를 명대 자손이라 자칭하는 등, 이들 네 사람 모두 강렬한 민족의식을 가지고 있었다. 이들은 그림을 빌어 불행한 처지와 울분을 펼치고 고국산천에 뜨거운 감정을 기탁하였다. 또한 예술에 있어서 옛 것을 빌어 지금의 것을 열어갈 것을 주장하며 옛 것을 그대로 따르는 것을 반대하고 생활의 체험과 감정의 독특한 표현을 중시하였다. 이들은 당시 화단에서 옛 것을 모방하는 관습을 타파하고 새로운 기풍을 표방하였는데, 기이하고 자유분방하고 호방하며, 광명정대하고 투지가 높고, 구습에 얽매이지 않고, 독특한 기풍의 화풍을 창조하였다. 이로써 이들의 화풍이 당시 화단에 크게 이름을 떨쳤을 뿐 아니라 후세에도 커다란 영향을 끼쳤다. 그중 주탑과 석도의 성과가 가장 현저하다.

주탑은 팔대산인(八大山人)으로 명대 황실의 왕손이었을 뿐 아니라 명문세가 자제였다. 그는 명조가 멸망한 후 승려가 되었다가 후에 도사가 되면서 '청운보(青雲譜)'에 거처하였다. 호는 팔대산인, 설개(雪個), 개산(個山), 일개산(一個山), 양월(良月), 도랑(道郎) 등이다. 그의 그림은 종종 사물에 기탁하여 감정을 표현했는데, 상징, 우의와 과장의 수법으로 기이한 형상을 만들어 자신의 한과 망국의 아픔을 드러냈다. 필묵이 세련되고 호방하며 구도가 간결하면서 변화무쌍하였다. 경치가 기이하며 격조가 차가우면서도 아름답고, 간결하면서도 깊이가 있는 경지에 도달하였다. 그는 산수화에서 동원을 본보기로 하면서도 동기창의 맑고 수려하며 윤기가 흐르는 필법을 더하였다. 화조화에서는 명대 임량, 서위의 영향하에 자기만의 화풍을 완성했으며, 꽃잎, 잎사귀, 새, 돌 하나하나에 생기가 가득하고 구조가 특이했다.

백지 위에 묵으로 새 한 마리, 물고기 한 마리, 혹은 꽃 한 송이만 그리고도 그윽한 의경을 만들어냈다. 팔대산인은 서법의 원리를 용필에 사용하였을 뿐 아니라 장법 배치에도 운용하여, 추상적인 사유에 기초를 두고 그림을 구성하였다. 만물을 표현할 때는 기본적으로 묵필만을 사용하며 안료는 사용하지 않았다. 그는 수묵화에 색채를 쓰는 것은 방해가 된다고 보았으며, 수묵화에 나타난 강렬한 형식미와 상징적 의미는 현실에 대한 분노와 도피, 멸망한 명 왕조에 대한 끝없는 연민과 애도를 효과적으로 표현하였다.

팔대산인(八大山人)의 〈고사어조도(枯槎魚鳥圖)〉(149.5×70cm) 두루마리(북경 고궁박물관 소장)

석도는 팔대산인과 함께 황실의 후예로, 두 사람이 만나지는 못했지만 서신으로 왕래하였고 그림을 합작해 그린 적도 있다. 동반자 관계에 있었던 이들은 회화사에서 '서로 어깨를 나란히 하였다'라고 서술하고 있다. 석도는 본성이 주(朱)가로 출가 후 법명은 원제(原濟)이며 호는 석도, 고과화상(苦瓜和尚), 대척자(大滌子) 등이다. 그는 팔대산인과 같이 승려가 되었지만 명대 황실의 후예로 명이 멸망한 후 비참한 신세로 전락하는 곡절을 겪으면서 심적인 고통과 통한이 컸다. 그에게 그림은 마음의 안식처로, 세상에 대한 분노와 감회를 그림을 통해 표현하였다. 석도의 산수화는 한 가지 화풍을 따르기보다 스스로 자신의 화풍을 만들어냈다. 풍경에 기운이 충만하며 신기하고, 구도가 대담하고 참신하며, 필묵에 변화가 많고, 기세가 드높으면서도 자연스러우며, 기이함 속에 수려함이 깃들어있다. 그의 변화무쌍한 삶은 그림에도 큰 영향을 주었던 것이다. 그는 기이한 봉우리는 모두 찾아가 그리고자 하였지만, 전통에 대해서는 냉담하였다. 황산의 안개, 남방의 수향, 버드나무 강가의 맑은 가을날, 절벽의 장송을 그리거나 여산, 계남, 회양 및 상산의 경치를 모두 독특한 구조와 배치로 표현

석도의 〈수진기봉타초고도(搜盡奇峰打草稿圖)〉(42.8×285.5cm) 두루마리(북경 고궁 박물관 소장)

하였는데, 실제 자연을 접하고 사생하여 그린 그림이다. 동기창 이후 화단은 옛 것을 모방하는 기풍이 성행하여, 석도같이 직접 대자연을 스승 삼아 그림을 그리는 화가는 드물었다. 현존하는 그림은 무척 많은데, 유명한 것으로는 〈산수청음(山水淸音)〉, 〈서원아집도(西園雅集圖)〉, 〈회양결추도(淮揚潔秋圖)〉, 〈황산팔승책(黃山八勝冊)〉, 〈여산유람도(廬山遊覽圖)〉, 〈여항간산도(余杭看山圖)〉 등이 있으며, 모두 표현의 미묘함이 있고 청신하며 깊이가 있었다.

석계와 홍인은 승려 화가로, 명나라 말의 유민이지만 주탑이나 석도에 비해 격분이 적고 초연함이 많은 편이다. 석계의 산수화는 왕몽, 황공망에게 배운 것을 변화시켰다. 진경을 밑그림으로 하고 산수를 중복하였는데, 빽빽하면서도 가득차지 않았고 갈필(渴筆)*, 모지랑붓(禿毫)**으로 준법을 여러 겹 하여 중후하면서도 생기가 있고 웅대하고 장엄하며 드넓고 온후한 기세를 보였다. 홍인의 산수화는 예찬을 본보기로 삼았으며 이름난 산과 강을 많이 그렸다. 특히 황산의 진경을 잘 그렸고 신안파를 대표한다. 구도가 간결하고 언덕과 골짜기가 비범하며 간필, 갈묵으로 거칠게 표현하였고, 황량하고 적막하며 고요한 경지로 명산이 가지는 기질을 표현하였다.

원대 사대가가 명대, 청대에 보편적인 존경을 받은 것과 같이, 명나라 말, 청나라 초의 승려 화가와 그들의 화풍도 근대 화가와 수장

* **渴筆**: 붓에 먹을 슬쩍 묻혀 그리는 묘법 혹은 이에 알맞게 빳빳하게 만들어진 붓

** **禿毫**: 끝이 다 닳아서 무디어진 붓

가들에게 찬양과 숭배를 받았다. 미술사가 왕백민은 이들의 그림을 다음과 같이 비평하였다. "사승 화가의 작품은 불가와 도가의 요소가 상당히 농후하다. 이들의 예술 창작에는 자신의 상처, 불평, 불만 등 복잡한 정서가 한데 결합되어 있다. 그들의 화법은 전체적으로 비교적 청담하고 소박하다. '흰 옥으로 조탁하지 않은 것이 상품'이라는 말이 있듯 역사적으로 유가는 소박하고 간결한 것을 귀중하게 생각하고 청정하고 담백한 것을 좋아하였다. 그들은 회화 표현에 있어서 구체적인 차이를 보였는데, 홍인의 용필은 변화무쌍하고 뛰어났으며, 석계는 순박하였다. 팔대산인의 필치는 간결하고 세련되며 고상하고 신비스러웠다. 석도의 필법은 얽매임이 없고 자유분방하였다. 당시 화단의 복고적인 경향으로 집집마다 자구의 그림이 있고 사람마다 모두 대치를 말하는 시기에 출현하였지만 그들이 화단의 적막함을 깨고 독특한 화풍을 열어간 것은 역사상 유례가 없는 일이다."

사왕(四王)은 왕시민(王時敏)[34], 왕감(王鑒)[35], 왕휘(王翬)[36], 왕원기(王原祁)[37] 등 네 명을 지칭한다. 때로는 오력(吳歷)[38], 운격(惲格)[39]을 더하여 '사왕오운(四王吳惲)' 혹은 '청초육가(淸初六家)'라고 칭하기도 한다. 그들 대부분은 동기창의 예술적 주장을 금과옥조로 여기며 옛 것을 모방하는 데 주력했고, 필묵의 기법을 강조하고 함축적이며 평화적인 뜻을 추구하였다. '사왕'의 사회적 지위가 높았기 때문에 교제가

황빈홍의 〈촉강주중소견(蜀江舟中所見)〉(76.5×48cm)(남경 박물관 소장)

광범위하였고 문생들도 많았으며 사대부에 끼친 영향력도 컸다. 그들의 예술적 취향은 황실의 찬양을 받기도 하는데, 이에 화단의 정통파로 여겨져 그 영향력이 현재에까지 미치고 있다.

사왕에 대해서는 일반적으로 필묵이 깊고 온후하며 구도, 기운, 의경 등의 방면에서 규율적인 경험을 총결했다고 평가된다. 하지만 자연을 본보기로 하는 것에 소홀히 하였고 구체적인 감상 체험이 결여되었다. 그 결과, 작품 대부분이 단조롭고 공허하며 생기와 참신함이 결여되어 있어 그들이 이룩한 성과들을 희석시키는 결과를 초래하였다. 실제로 사왕이 옛 그림에 대한 연구를 학술적인 경지에까지 올리고자 하였지만, 이러한 학술도 개인적인 가치 선호에 따랐다. 사왕이 심취한 것은 오대 동원, 거연에서 북송의 이성, 범관, 곽희, 미씨 부자, 조백구와 왕선에서 조맹부 원사대가에 이르는 일군의 화가들로 바로 동기창이 귀납한 남종화파이다. 왕백민은 이러한 사왕의 남종화론 연구가 여러 세기를 아우르고 있어 가히 존경할 만하다고 평가하였다. 예를 들어 중국 문인이 신봉하는 고대 성현의 명언처럼 화가들은 산수화의 진리에 상응하는 완벽한 언어와 담론을 믿었다. 이 외에 명대, 청대 회화의 제사에서 어떤 화가를 '임모(臨摸)*하고 따라했다'고 하는 표현은, 때로 문인 스스로의 겸손함이자 당시 보편적으로 숭상했던 화가에 대한 존중을 나타내는 것으로, 실제로 옛사람을 그대로 따라하지 않았다. 가장 전형적인 예가 석도, 팔대산인 같이 기풍이 강렬한 화가들은 그림의 제발에서 자신의 작품을 그저 모방에 지나지 않는다고 말했지만 이 말을 진담으로 받아들이는 사람은 당연히 없었다.

* **臨摸**: 원본을 그대로 보고 따라 그리는 것

문인화의 종결과 근대 중국화 대가

청대 중기에 활약한 양주팔괴와 중국 문인화 발전의 종결 부분을 살펴보자. 청대 가경(嘉慶)[40], 도광(道光)[41] 연간에서 20세기 초에 이르기까지 중국 전통 사회는 점차 몰락하기 시작하였다. 근대 역사가 시작되고 사회적인 전변이 일어났기 때문에 이에 따라 고대 문인들이 처한 문화적 환경도 변화하였다. 서구 문명은 1000여 년 전에 전파된 불교 문화보다 더욱 강대하고 맹렬하게 중국으로 전파되어, 회화에도 새로운 변화를 일으켰다. 정통으로 인식되던 문인화 유파와 황실에서 세력을 키워가던 궁정화는 점차 쇠퇴해졌고 강제 개항을 하였던 상해와 광주는 새로운 회화 중심지가 되어 서구 기법을 융합한 해파(海派)와 영남화파(嶺南畫派)가 출현하였다.

양주팔괴 혹은 양주화파(楊州畫派)는 18세기 중엽 양주에 운집한 일군의 문인 화가들을 지칭하는데, 금농(金農)[42], 황신(黃愼), 정섭(鄭燮)[43], 이선(李鱓), 이방응(李方膺), 나빙(羅聘), 화엽(華嵒), 고봉한(高峰翰), 민정(閔貞), 변수민(邊壽民) 등이 이에 포함된다. 양주팔괴는 개성이 풍부하고, 전통에 대한 태도 면에서 사왕오운과 다르다. 이들은 동기창이 제

금농의 〈채릉도(采菱圖)〉 책(북경 고궁 박물관 소장)

임백년의 〈사녀도(仕女圖)〉 책
(남경 박물관 소장)

창한 '남종화'에 대한 추모보다는 석도를 승계하고 서위, 팔대산인의 영향을 계승하였다. 양주팔괴는 대부분 산수화보다는 화조화, 매죽화가 뛰어났다. 매화, 난, 대나무, 국화의 사군자를 자신의 품격에 비유했으며, 돌을 그릴 때에도 내심의 '강인한 절개'를 표현하였다. 청대 건륭 연간 양주는 번화한 소비 도시로 상업적인 기운이 농후하였고 이들 문인 중에 글씨와 그림을 팔아 생활하는 사람들도 많았다. 장법이 엄격한 산수화에 비해 대사의 화조화는 자유분방함을 펼치기에 더욱 적합했고 서법처럼 일필휘지하기에 편리하였다.

양주팔괴 중에 가장 문인 기질이 농후한 사람은 금농과 정섭이었다. 금농은 일생 가난하여 세상에 분노와 원망이 많았지만, 성정이 다니는 것을 좋아하여 명산대천을 두루 유람하였다. 기록에 따르면 그는 50세가 되어서야 그림을 배우기 시작했는데, 송대 문동, 원대 왕면의 그림을 배우는 데서 시작하여 자신의 독특한 소박한 기풍을 형성하여 '금농체(金農體)'라고 불린다. 담묵과 간필로 화훼 소품을 그렸는데, 그려진 매화꽃의 줄기는 옆으로 비스듬히 뻗어 있고 빽빽한 꽃술의 기운이 고요하면서 아름답다. 산수 또는 불교나 도교 관련 인물을 빗대어 그렸는데, 조형이 단순하지만 정취가 독특하며 시를 잘 지었다. 정판교는 소리(小吏) 관직을 맡기도 했지만 흉년기에 민중들을 위해 구휼책을 신청하였다는 이유로 죄를 받게 된다. 그는 이후 사직하고 양주로 낙향한 뒤 그림을 팔며 생활하였다. 팔대, 석도와 같이 정판교는 서화를 빌려 세상에 대한 자신의 분노와 원통함을 표출하고 자신의 청고함과 이지(理知)를 드러냈다. 먹으로만 그림을 그렸으며 난과 대나무 그림으로 유명하다. 그의 그림은 의경이 종횡무진하고 힘이 있으며 청신하고 수려하며, 감정을 표출하여 시각적 효과를 주었다. 하지만 이러한 방식이 전통 문인의 눈에는 내면적인 세련된 우아함이 부족해 보였다.

임백년의 〈고옹지상(高邕之像)〉(130.9×48.5cm)(상해박물관 소장)

해파는 대외 통상 항구 도시 상해에서 활약한 화가를 통칭하는데, 그중 일부 회화는 전통 문인화의 범주를 이미 넘어섰다. 해파의 특징을 가장 잘 체현한 화가로는 조지겸(趙之謙)[44], 임백년(任伯年)[45], 오우여(吳友如)[46]와 오창석이 있다. 이 시대 문인은 더는 과거의 부유한 가정 형편과 고상한 사회적 신분을 향유하지 못했으며, 그들이 과거 멸시했던 화공과 거의 같은 대열에 처하였다. 그림을 팔아 간신히 생계를 유지했던 조지겸은 초기의 동기창처럼 값진 고대 글씨와 그림을 여유롭게 감상하고 애지중지하며 손에 쥐고 감상할 수 없었다. 그의 사의 화조화는 고객의 요구에 부합하기 위해 화려함과 고아함 두 가지 모두를 갖추어야 했다. 명대, 청나라 초의 앞선 세대 그림과 비교하면 그의 화필묵은 질서정연하고 색채가 화려했으며, 배치, 조형에 유쾌한 맛이 있어서 우아함과 속됨

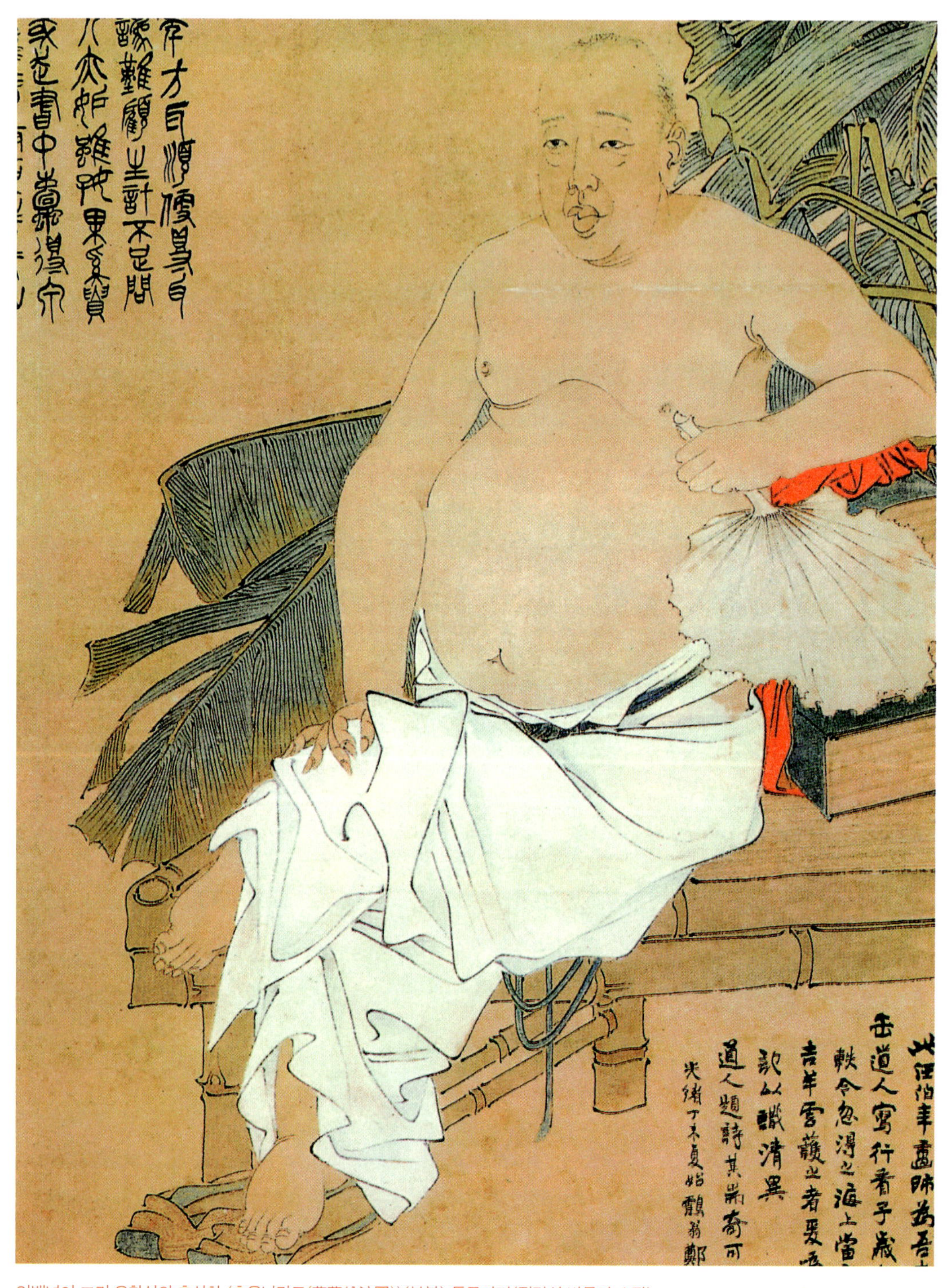

임백년이 그린 오창석의 초상화 〈초음납량도(蕉蔭納涼圖)〉(부분) 두루마리(절강성 박물관 소장)

을 함께 감상할 수 있었다. 임백년은 선장학도(扇庄學徒)* 출신으로 엄밀한 의미에서 전통적인 문인 화가는 아니었다. 하지만 솜씨가 뛰어나고 다재다능한 젊은 화가로, 초상화와 화조화를 특히 잘 그렸다. 임백년은 문인의 담백하고 우아한 필치로 그림을 그렸는데, 표현이 정확하고 세밀하며 생동적이어서 오히려 양주팔괴의 영향력에서 벗어났다. 임백년은 서법 방면에서 오창석으로부터 큰 도움을 받았는데, 부드러운 양모 붓으로 다른 서체를 썼으며 거기서 다른 필법을 총결해내고 다른 대상을 그렸다. 예를 들어 그는 굳세고 온건하며 탄력이 풍부한 전서(篆書), 예서(隸書)체로 등나무 줄기를 그렸으며, 날아갈 듯 분방한 행서 혹은 초서(草書)체로 국화와 포도를 그렸다. 그의 색채는 조지겸에서 또 한 단계 발전하였으며, 민간 회화와 서화의 기법을 흡수하여 붉은색, 노란색, 녹색 등의 색조에 홍갈색 먹을 조합시켜 대비 속에 조화를 이루었다고 한다.

사회 문화적 전환기 해파 및 기타 만청 회화에서 문인의 시대는 이미 끝났음을 엿볼 수 있었다. 과거 제도의 폐지에 따라 전통 문인은 더는 벼슬길에 희망을 가지지 않았다. 이론적으로 서민으로 살면서 문인화를 통해 출세를 향한 염원과 은일의 고고한 감정을 드러낸다는 것은 시대에 맞지 않는 이야기가 된 것이다. 그럼에도 불구하고 오랫동안 내려온 문인 화가 추구하는 미학의 세계는 이미 중국 민족의 집체 의식이 되었다. 사회적인 변혁에도 불구하고 붓, 먹, 화선지로 매개된 중국 문인화의 도식을 버릴 수는 없었다. 이는 중국인에게 자연스럽게 세계를 체험하는 방식이자 정감이었고, 여전히 풍부한 생명력을 가지고 있는 민족 회화 형식이었기 때문이다. 유화 등의 서양화가 다량으로 중국에 전래되자, 중국인은 '중국화'의 개념과 그것의 미학적 특성을 보존하려고 하였다. 그래서 중국인과 서구인이 중국화에 대해 생각하는 내용에 차이가 있다. 서구인은 이를 중국의 모든 회화를 가리키는 개념으로 이해할 것이고, 중국인은 고대 회화를

* **扇庄學徒**: 선장은 부채를 만드는 곳으로, 임백년은 부채를 만드는 공방 출신이었다.

오창석의 〈매화포석(梅花蒲石)〉(127×67cm), 1902년(항주 서령인사(西泠印社) 소장)

계승한 회화 양식으로 전통 시기 문인화 형식으로 완성된 회화로 이해할 것이다.

20세기에도 많은 화가들은 여전히 전통적인 형식으로 그림을 그렸으며, 그들 중의 많은 수가 '전통 회화의 대가'가 되었다. 현대 화가가 살고 있는 환경은 그들 윗세대보다 더욱 복잡하다. 학술 영역에서 '중국학을 체(體)로 하고 서학을 용(用)으로 한다'라는 주장이 절대적이었지만 중국 화가들은 여전히 서구 문화와 가치관의 부단한 침식으로 전통 문화의 주도적 지위가 점차 상실되어 새롭게 자신의 위상을 찾아야 했다. 청대 사왕 이래 옛 것을 모방하는 기풍에 염증을 느낀 일부 화가들은 문인화 이외의 기타 미술 유산, 예를 들면 돈황 벽화, 궁정의 세밀하고 화려한 채색과 민간 예술에서 영감을 얻어 새로운 기풍을 창립하였다. 하지만 이러한 모든 시도가 중국화의 주류가 될 수는 없었다. 문인화의 이념과 형식은 사실상 공자, 맹자, 노자, 장자의 학문과 같은 국학(國學)의 일부분이 되었고, 국학의 흥망성쇠에 따라 몇 차례의 성쇠를 겪었다. 20세기 초반 중국은 마지막 봉건 왕조의 전복, 군벌 전쟁, 중화민국의 건립, 항일 전쟁, 국공 내전을 거쳤고, 1949년 중화인민공화국이 성립하였다. 이 반세기 동안 중국의 정치와 문화는 큰 변화를 거쳤지만 오히려 일군의 중국화 대가를 탄생시켰다. 이들 화가의 작품이 비록 현대 사조나 심미관과 어느 정도 거리가 있지만, 그들의 농후한 민족 문화 의식은 현대인의 정감에도 어느 정도 영향을 미쳤다. 이러한 역사적 상황 속에서 화가들은 약속이나 한 듯이 전통 회화의 창조적 전환을 자신의 임무로 삼고 고금을 융합하였다. 이와 동시에 모든 외래적 가치와 현재 가치관의 도전을 직시하고, 더욱 강한 의지력과 결심을 가지고 진정으로 일가를 이루어내, 전통 회화를 지나간 역사로 머물게 하지 않았다.

호남 출신인 제백석의 그림은 원대의 왕면과 양주팔괴의 금농을 연상시킨다. 이들 화가는 제백석이 좋아했던 문인 화가로, 그가 숭배했

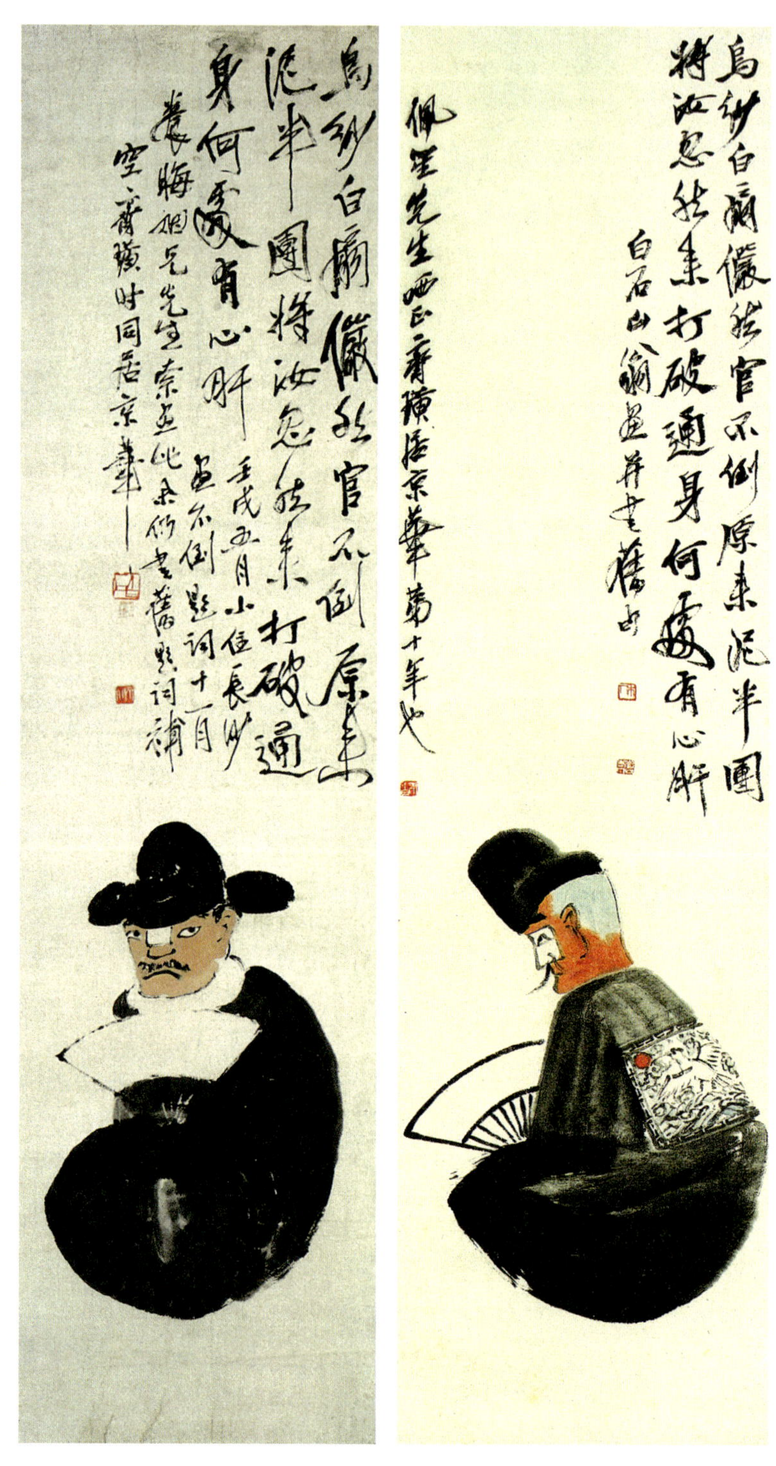

좌 제백석의 〈부도옹(不倒翁)〉(123.5×32cm). 1922년(상해 타운헌(朶雲軒) 소장)

우 제백석의 〈부도옹〉(128×33cm). 1926년

좌 제백석의 〈청정희수도(蜻蜓戲水圖)〉(101×32.4cm). 약 1930년대 중기

우 제백석의 〈차산음관도(借山吟館圖)〉(산수조병지일(山水條屛之一), 128×62cm). 1932년(중경시 박물관 소장)

상 부포석의 〈강산여차다교(江山如此多嬌)〉(65×30.2cm), 1959년(개인 소장)

하 부포석의 〈모택동시의(毛澤東詩意)〉(46.3×58.4cm), 1962년(남경 박물관 소장)

부포석의 〈월락명제상만천(月落鳴啼霜滿天)〉(66×61cm). 1960년(남경 박물관 소장)

* 芝木匠: 지목공. 여기서 지는 제백석의 이름 제순지(齊純芝)에서 따온 것이다.

던 이전 화가들에 서위, 석도, 주탑, 양주팔괴의 이선 및 해파의 오창석이 포함된다. 하지만 더욱 중요한 것은 그가 고향에서 목수를 한 경력이 있는데, 이러한 특이한 경력은 그에게 다른 사람이 가지기 힘든 민간 예술가의 영감을 갖게 해주었다. 제백석은 그림을 아주 열심히 그리기도 하였지만 동시에 장수한 화가였다. 평론가는 그가 70세가 되어서야 천부적인 향토 시인적 영감과 문인화 기풍의 완벽한 조화가 이루어졌다고 말하였다. 그의 그림은 문인화 계통에 속하지만, 반면 기존의 문인화와는 달랐다. 특히 그의 그림 속에 등장하는 고향의 호수, 생명의 기운이 가득한 들판 등은 일반 문인들에게 보이던 진부한 서권기를 대신하였다고 평가하였다. 제백석이 만년에 그린 대사의는 분방하다기보다 질박하다. 초기 지목장(芝木匠)*의 천진함과 진솔함이 내포되어 있으며 그가 고향에서 보고 들은 개구리 소리, 매미의 울음, 농작물, 병아리, 메뚜기 및 일상의 생활 용품이 모두 그의 회화 소재가 되었다. 예를 들면 〈옥미청정(玉米蜻蜓)〉, 〈와성십리(蛙聲十里)〉는 모두 전형적인 제백석식 문인화의 뛰어난 작품이다. 화풍 면에서 일반 문인은 청담하고 수려한 경향을 추구했지만, 제백석은 오히려 빨간색 꽃, 검은색 잎을 그려 선명한 시각적인 효과를 선보였다.

황빈홍은 제백석과 완전히 다른 유형에 속하는 화가이다. 하지만 그도 제백석과 함께 일찍 배웠지만 늦게 완숙해진 대가이다. 황빈홍은 고도의 학식을 갖추고 있으며, 사왕 같은 치학 정신을 가지고 청년기, 장년기의 대부분의 시간을 고화에 대한 연구와 임모를 쉬지 않고 하였다. 동시에 송대, 원대 화가가 자연에 대해 탐색하는 태도를 회복하였고 산하를 유람하여 마침내 팔순에 필묵상의 '변법'을 완성하였고 매우 무성하고 소박하고 힘이 있으며 중후하고 깊이가 있는 '빈홍 산수'를 창조하여 후학들이 도달하기 어려운 회화계의 태두가 되었다.

이외에 천재형 대가로 반천수(潘天壽)[47]와 부포석(傅抱石)[48]이 있다.

반천수의 〈무한풍광도(無限風光圖)〉(361×152cm) 두루마리. 1963년(반천수 기념관 소장)

* **高古遊絲描法**: 세밀한 선묘로 그리는 기법

반천수의 그림에 대해 왕백민은 다음과 같이 평하였다. "중화민국 시기 사람들은 '깊이(厚), 무게(重), 크기(大)'의 품평 기준을 가지고 예술품을 평하였다. 이를 가지고 반천수의 그림을 논하면 일단 거대하다고 할 수 있는데, 아무도 그 스케일을 넘어설 수 없다. 설사 그가 소품을 그려도 평자는 '작은 것 속에서 큰 것을 볼 수 있다'고 했는데 여기서 말하는 크다는 의미는 화폭의 크고 작음이 아니라 골격의 강함, 붓끝의 힘, 기(氣) 그리고 세(勢)에 있다." '골격은 강하게 하고, 마음은 허하게 한다'라는 노자의 사상으로, 건강하고 강한 골격 혹은 강한 골기를 가지는 동시에 골짜기 같이 마음을 비워야 한다는 의미이다. 반천수는 농민의 순박한 기질과 문인의 학식을 모두 가지고 있던 화가로 남북종을 하나로 융합하고 명청 이래 화조화의 청려하고 부드러운 아름다운 풍모를 넘어, 기이하고 웅대한 기풍의 화조화를 창조하였다. 그의 그림은 화조, 대나무, 돌을 주제로 하고 강한 구조가 딱딱한 재질의 소조와 서로 짝을 이루었는데, 청신하고 얽매임이 없어서 마치 아침 안개에 싸인 듯한 경지를 나타낸다. 부포석은 석도의 열렬한 숭배자로 자신의 원래 이름 '서린(瑞麟)'을 '포석'이라고 개명하기에 이르렀다. 그는 평소 술 마시기를 좋아했는데, 술을 마신 후 춤을 추며 붓이 가는 대로 일필휘지하는 낭만적인 성향의 예술가였다. 그는 일찍이 일본으로 유학가 서양화를 배웠으며 색채와 개성이 가득한 화면을 잘 배치하였다. 그가 그린 산수화에는 자연스러움과 분방함이 있고 술을 유쾌하게 마신 느낌이 그려졌다. 인물화의 의경은 송대 이래 침체된 기풍을 초월했으며 멀리는 화성 고개지까지 거슬러 올라갈 수 있다. 거의 상실된 '고고유사묘법(高古遊絲描法)*'으로 그린 〈구가(九歌)〉, 〈여인행(麗人行)〉은 소탈하면서도 우아하고 고귀한 맛이 있다. 반천수, 부포석의 그림은 문인화의 이념을 실현시켰지만 오히려 '현대 중국화'의 길을 새롭게 열었다고 할 수 있다.

1| **조맹부**(趙孟頫, 1254~1322): 원나라의 화가, 서예가, 문인. 자는 자앙(子昂), 호는 집현(集賢), 송설도인(松雪道人). 서화와 시문에 뛰어나서 원나라의 사대가(四大家) 가운데 한 사람으로 꼽힌다. 저서로 『상서주(尙書注)』, 『송설재집(松雪齋集)』 등이 있다.

2| **대도**(大都): 지금의 북경(北京). 원대 시조 쿠빌라이 칸은 한팔리(汗八里, Khanbaliq, 위대한 칸의 거주지라는 뜻) 혹은 대도(大都) 라는 이름으로 수도로 건립하였다. 원대 이래 북경은 중국의 수도로 중요한 역할을 담당해오고 있다.

3| **가구사**(柯九思, 1290~1343): 원나라 시대의 문물 소장가이자 화가. 자는 경중, 호는 단구생. 어려서부터 아버지로부터 글을 배웠고 가학을 이어 시화에 능했으며 묵죽은 문동을 스승으로 삼아 배웠다. 서화 및 고대 기물 감정에 능하였다. 저서로 『단구생집(丹丘生集)』, 『죽보(竹譜)』 등이 있다.

4| **왕백민**(王伯敏, 1924~): 중국 현대 미술사학자이자 화가. 중국 현대 미술사 학계를 대표하는 인물로, 『중국 회화사(中國繪畫史)』, 『중국 판화사(中國版畫史)』, 『중국 회화통사(中國繪畫通史)』 등의 미술 관련 저서를 서술하였다.

5| **오진**(吳鎮, 1280~1354): 원나라의 화가. 자는 중규(仲圭), 호는 매화도인(梅花道人). 원나라 말기의 4대가 중 한 사람으로, 산수화에 뛰어났으며 특히 묵죽(墨竹)을 잘 그렸다. 작품에 〈가화팔경도(嘉禾八景圖)〉, 〈어부도(漁夫圖)〉, 저서로 『매화도인유묵(梅花道人遺墨)』 등이 있다.

6| **황공망**(黃公望, 1269~1354): 원나라 시대의 문인 화가. 자는 자구(子久), 호는 일봉(一峯), 대치도인(大痴道人). 초기 문인화의 대표자로 원나라 말기의 사대가 중 한 사람이며, 산수화에 일가(一家)를 이루었다. 작품에 〈부춘산거도권(富春山居圖卷)〉이 있다.

7| **왕몽**(王蒙, 1301~1385): 원나라 말기의 문인, 화가. 자는 숙명(叔明), 호는 황학산초(黃鶴山樵), 향광거사(香光居士). 원나라 말기의 사대가 중 한 사람으로 산수화에 능하였다.

8| **예찬**(倪瓚, 약 1306~1374): 원나라의 화가이자 시인. 자는 원진(元鎮), 호는 운림자(雲林子). 간결한 구조와 묘법(描法)으로 예스럽고 맑은 정취가 넘치는 산수화를 그렸으며 시도 잘 썼다. 시집에 『청비각집(淸閟閣集)』이 있다.

9| **임평**(臨平): 현재의 절강성(浙江省) 여항(余杭)

10| **석도**(石濤, 1642~1707): 청나라 시대의 화가. 법명은 도제(道濟), 호는 대척자(大滌子). 산수, 화훼, 난죽 등에 뛰어났으며, 작품에 〈황산도권(黃山圖卷)〉 등이 있다. 석도는 명나라 종실 출신으로 불교 사상 외에도 노장 사상 등에 관심이 많았고, 유, 불, 도의 사상과 서화를 두루 익혔다. 말년에는 양주(揚州)에 정착하고 그곳에서 말년을 보내며 그림을 그리는 한편 자신의 회화 사상을 정리한 『화어록(畫語錄)』을 저술하였다. 그는 옛 거장들의 모방이나 영향에 거의 얽매이지 않고 새롭게 발전시켜야 한다고 보았다.

11| **황전**(黃筌, 903~965): 오대의 화가. 자는 요숙(要叔). 후세에 '황씨체(黃氏體)'라 불리는 화조화법(花鳥畫法)을 창안하였다.

12| **서희**(徐熙): 오대십국 가운데 남당(南唐)의 화가. 화조(花鳥)의 사생화에 뛰어났다. 그의 화풍은 서씨체(徐氏體)라 이른다.

13| **왕연**(王淵): 원나라의 화가. 자는 약수(若水), 호는 담헌(澹軒). 조맹부의 제자로 철저한 복고주의자였으며, 화조화(花鳥畫)에 뛰어났고 명나라의 화조화에도 영향을 미쳤다.

14| **변문진**(邊文進): 명나라 초기의 화가. 자는 경소(景昭). 선덕 화원(畫院)의 중심인물이 되어 남송의 원체풍(院體風)의 세밀한 화조도를 잘 그렸다.

15| **임량**(林良, 1426~1495): 명나라 시대의 화가. 새, 짐승, 수목을 단숨에 그려냈는데 그 힘찬 기세가 마치 초서를 보는 듯했다고 한다. 그의 화조화는 사의 화조화로 일컬어지며 당시 화려하고 세밀한 궁정 화조화와 비교할 때 자신만의 독특한 화풍을 이루었다고 하겠다.

16| **심주**(沈周, 1427~1509): 명나라 시대의 화가. 오파(吳派) 문인화파의 대표적 인물로 회화사에 커다란 영향을 끼쳤다. 안락한 명문 가정에서 태어나 장수하면서 시(詩), 서(書), 화(畵)에 몰두하며 일생을 보냈다. 심주의 예술은 화풍과 주제가 매우 다양하면서도 지속적인 안정감과 절제되어 있는 정적감, 미묘한 온화함을 주조로 하는 독특한 필치를 일관되게 담고 있다. 그의 제자에는 문징명(文徵明) 등의 인물이 있었다.

17| **문징명**(文徵明, 1470~1559): 명나라 시대의 서화가이자 문인. 이름은 벽(壁), 호는 형산(衡山)이며 징명은 자이다. 문인 화가들의 유파인 오파(吳派)의 중심인물 가운데 한 사람으로, 여러 화가의 화풍을 아울러 독자적 화풍을 이룩하고 글씨에도 뛰어났다. 작품에 〈인간가경도권(人間佳境圖卷)〉, 저서에 『보전집(甫田集)』이 있다.

18| **왕면**(王冕, 1287~1359): 원나라 말에서 명나라 초의 화가. 자는 원장(元章), 호는 저석산농(煮石山農), 회계외사(會稽外史). 원나라 말기의 난을 피하여 그림 그리기에 전념했으며, 죽석(竹石)과 묵매(墨梅)로 알려졌다.

19| **서위**(徐渭, 1521~1593): 명나라 시대의 화가. 서위는 서화, 시문, 희곡 등을 창작하는 등 다재다능한 예술가였다. 중국 예술사에서 신동(神童), 관료, 화가 광인(狂人) 등의 다양한 면모를 지녔던 인물로 평가된다. 그는 절파(浙派) 화가로 분류되기도 하는데, 기질과 화풍 면에서 석도(石濤)라든가 팔대산인(八大山人)과 같은 17세기 개성주의 화가들에 더 가까웠다.

20| **산양**(山陽): 지금의 강소(江蘇) 회안(淮安)

21| **제백석**(齊白石, 1863~1957): 중국 현대 화가. 장대천(張大天)과 더불어 중국 회화의 전통을 계승한 최후의 화가들 가운데 한 사람. 가난한 농가에서 태어나 주로 독학으로 시(詩), 서(書), 화(畵) 3예를 익혀 능통하게 되었다. 그의 많은 작품들은 대개 커다란 산수화보다 규모가 좀 더 작은 일상의 모습으로 다양한 흥미와 경험을 반영하고 있으며, 17, 18세기의 석도, 팔대산인과 같은 개성주의자들의 양식을 계승하였다.

22| **주탑**(朱耷, 1626~1705): 명나라 말, 청나라 초의 화가. 본명은 중계(中桂), 통란(統). 소명(小名)은 탑(耷), 석명(釋名)은 전계(傳綮). 호는 설개(雪箇), 인옥(人屋), 팔대산인. 그의 생애는 자세히 알려져 있지 않으나 명나라 황실의 후예로서 전통적인 교육을 받았으며 명나라의 멸망 후 1648년 승려가 된 것으로 알려져 있다. 그의 그림은 대부분의 중국 화가들과는 달리 어떤 전통적인 범주에 넣기 힘든, 성격이나 특징상 절대적인 기인이면서 '개성주의자'였다.

23| **오창석**(吳昌碩, 1844~1927): 청나라 말의 화가. 석고(石鼓) 문자를 연구했으며, 산수화를 잘 그리고 시문에도 뛰어났다.

24| **당인**(唐寅, 1470~1523): 명나라 시대의 문인이자 화가. 자는 백호(伯虎), 호는 육여(六如). 서법에 능했으며, 산수화와 인물화도 잘 그렸다. 심석전(沈石田), 문징명(文徵明), 구영(仇英)과 함께 명나라 4대 화가로 불린다.

25| **구영**(仇英, 1493~1560): 명나라 시대의 화가. 자는 실보(實父), 호는 십주(十洲). 원파(院派) 3대가 가운데 한 사람으로, 산수, 인물, 조수(鳥獸)에 뛰어났다. 작품에 〈도리원도(桃李園圖)〉, 〈난정도(蘭亭圖)〉 등이 있다.

26| **막시룡**(莫是龍, 1539~1587): 명나라 시대 말기의 서화가. 자는 운경(雲卿), 정한(廷韓). 한림원 대조(待詔) 벼슬을 사양하고, 생애를 평민으로 마쳤다. 그가 제창한 남북이종론(南北二宗論)은 후에 남종화의 우위를 결정짓는 근본이 되었다. 저서에 『화설(畫說)』, 『석수재집』 등이 있다.

27 **대진**(戴進, 1388~1462): 명나라 시대의 화가. 자는 문진(文進). 산수화에 능했으며 날카로운 필법과 웅장한 구도는 후세에 크게 영향을 미쳤다.

28 **남영**(藍英, 1585~1664): 명나라 말, 청나라 초의 화가. 자는 전숙(田叔), 호는 접수(蝶叟), 석두타(石頭陀). 절파(浙派)의 한 사람으로, 산수, 인물, 화조(花鳥), 난석(蘭石)을 잘 그렸다.

29 **화정**(華亭): 지금 상해의 송강(松江)

30 **순치**(順治, 1638~1661): 청나라의 제3대 황제(1643~1661 재위). 이름은 복림(福臨), 묘호는 세조(世祖), 청나라 제4대 황제인 강희제(康熙帝)의 아버지이다. 만주 지역에 있던 후금(後金)의 통치자 황태극(皇太極)의 9번째 아들인 순치제는 그가 6세이던 1643년에 왕위를 계승했고, 숙부인 도르곤(Dorgon)이 섭정을 했다. 다음해 도르곤이 지휘하는 만주족 군대는 명을 멸망시킨 이자성 군대가 있던 명나라의 수도인 북경을 점령했고, 어린 순치제는 청나라의 황제로 즉위했다. 순치제는 한족을 등용하고 유교 정치를 펼쳐 민심을 안정시키는 데 힘썼다.

31 **강희**(康熙, 1654~1722): 청나라의 제4대 황제(1661~1722 재위). 연호는 강희, 이름은 현엽(玄燁), 묘호는 성조(聖祖). 청 제국에 러시아의 일부 지역과 외몽골을 합병시켰고 대만, 티베트에까지 세력을 넓혔다. 4개의 대외 무역항을 개항했고 서구의 교육, 예술, 천주교의 도입을 장려하였다. 중국 역대 황제 중 재위 기간이 가장 길다. 삼번의 난을 평정한 뒤 국가 안정에 기여했고 뒤이은 옹정, 건륭제 전성기의 기초를 닦았다.

32 **석계**(石溪, 1612~1674): 명나라 말, 청나라 초의 유민 화가. 자는 개구(介丘), 호는 석계(石溪), 석독(石禿), 석도인(石道人), 전주도인(電住道人) 등이며, 법명은 곤잔(髡殘)이다. 일찍이 반청운동(反清運動)에 참가했고 명나라가 망한 뒤 승려가 되었다. 산수(山水)를 그리는 데 뛰어났고 마른 붓으로 가볍게 주름을 짓는 기법에 능숙했다. 역대 화가들 중 특히 왕몽의 영향을 많이 받았다. 그는 역대 화가들에게서 배운 것을 조화시켜 새롭게 창조하려 했다는 평가를 받는다.

33 **홍인**(弘仁, 1610~1663): 청나라 시대의 화가. 호는 절강화상(浙江和尙), 본명은 강도(江韜)이다. 안휘파의 주요 화가로 안휘 화파는 그들 그림에 자주 등장하는 황산(黃山)의 풍경같이 독특한 자연 경관을 그린 것으로 유명하다. 그는 명나라가 멸망하고 어머니와 사별하자, 출가하여 홍인이란 법명을 얻었다. 과묵하고 은인자중한 사람으로 유명했는데, 그의 그림에도 이와 같은 성품이 잘 드러나 있다.

34 **왕시민**(王時敏, 1592~1680): 명나라 말, 청나라 초의 문인, 화가. 자는 손지(遜之), 호는 연객(烟客), 서려노인(西廬老人). 강서(江西) 태창(太倉)에서 태어났으며 사왕오운의 한 사람으로 산수화에 뛰어났고 왕감(王鑑)과 같이 누동파(婁東派)를 이루었다. 저서에 『서려제발(西廬題跋)』, 『왕봉상서화제발(王奉常書畫題跋)』이 있다.

35 **왕감**(王鑒, 1598~1677): 명나라 말, 청나라 초의 문인, 화가. 자는 원조(元照), 원조(圓照). 호는 상벽(湘碧), 염향암주(染香庵主). 태창(太倉)에서 태어났으며 사왕 오운의 한 사람으로, 명나라의 남종화계(南宗畫系) 오파(吳派)의 정통을 이어 청나라 회화의 터전을 닦았다. 작품에 〈고수도(枯樹圖)〉, 저서에 『염향암발화(染香庵跋畫)』가 있다.

36 **왕휘**(王翬, 1632~1717) : 청나라 시대의 화가, 자는 석곡(石谷), 호는 경연산인(耕煙散人). 강소(江蘇) 상숙(常熟) 사람. 어려서부터 그림에 능하여 왕감(王鑑)과 왕시민(王時敏)의 지도를 받았고 이들을 따라 각지의 진귀한 소장품을 열람하고, 명작들을 임모할 수 있었고 필법이 옛것과 새로운 것을 모두 참고하며 각종 화파의 장점을 두루 익혔다. 그림의 기교가 정교하고 숙련됨이 청나라 시대 제일이라 할 수 있다.

37 **왕원기**(王原祁, 1642~1715): 청나라 시대의 화가. 자는 무경(茂京), 호는 녹대(麓臺). 서화보관(書畫譜館)의 총재를 지냈으며 고서화 감정에 뛰어났다. 청나라 시대 사왕(四王)을 대표하는 왕시민(王時敏)의 손자이다. 그는 강희 44년(1705)에 어명을 받들어 『패문제서화보(佩文齋書畫譜)』를

편찬하였다. 또 화론서인 『녹대제화고(麓臺題畫稿)』와 『우창만필(雨窗漫筆)』을 남겼는데 책 속의 문장을 통해 구도와 필묵, 채색에 대해 논하고 있으며, 중요한 청나라 시대의 회화 이론들이 여기에 실려 있다.

38| **오력**(吳歷, 1632~1718): 청나라 시대의 화가. 훗날 로마 가톨릭교에 귀의하여 사제가 되었지만, 청나라 초 문인화의 정통파 화가로 더 유명하다. 그는 서양 판화와 그림들을 접하기는 했으나, 자신의 그림은 중국 전통 양식에 충실했으며, 언제나 중국 이름으로 서명하였다.

39| **운격**(惲格, 1633~1690): 청나라 시대의 화가. 자는 수평(壽平), 호는 남전(南田), 백운외사(白雲外史). 강소(江蘇) 상주(常州)에서 태어났으며 사왕오운의 한 사람으로, 시서화(詩書畫)에 모두 뛰어나고, 특히 화조화(花鳥畫)에 몰골법을 가미하여 발전시켰다.

40| **가경**(嘉慶, 1760~1820): 청나라 제7대 황제(1795~1820 재위). 이름은 옹염(顒琰), 시호는 예제(睿帝), 묘호는 인종(仁宗). 쇠퇴하고 있던 청 제국을 부분적이나마 되살리려 노력하였다. 아버지인 건륭 황제가 왕위를 양위함으로써 황제에 즉위했으나 건륭 황제 사후에나 친정을 펼 수 있었다. 아버지의 치세를 이어받았으나 부패 권력과 각지 소수 민족의 난으로 점차 국운이 기울기 시작하였다.

41| **도광**(道光, 1782~1850): 청나라 제8대 황제(1821~1850 재위). 이름은 민녕(旻寧). 묘호는 선종(宣宗). 시호는 성제(盛帝). 재위 기간 동안 기울어가는 국세를 바로잡으려 최선을 다했으나 서양 열강의 외압과 중국 내 현실적 모순은 점차 심해져갔다. 그의 재위 기간에 아편전쟁, 난징조약을 겪었다.

42| **금농**(金農, 1687~1764): 청나라 시대의 화가. 호는 동심선생. 그는 양주팔괴(楊州八怪) 중의 한 사람으로, 박학다재하고 전각과 감정에 정통했으며 대나무, 매화, 말, 불상, 인물, 산수를 잘 그렸다. 특히 그의 묵매화에 정통하였다.

43| **정섭**(鄭燮, 1693~1765): 청나라 시대의 문인, 화가, 서예가. 자는 극유(克柔), 호는 판교(板橋). 양주팔괴의 한 사람으로, 관직에서 물러난 후 시, 서, 화로 세월을 보냈다.

44| **조지겸**(趙之謙, 1829~1884): 청나라 말기의 문인, 서화가, 전각가. 해파 화가. 자는 휘숙(撝叔), 익보(益甫). 호는 매암(梅庵), 냉군(冷君), 감료(憨寮), 비암(悲盦). 꽃과 과실을 많이 그렸으며 햇빛에 빛나는 화초를 강렬한 채색으로 표현하였다. 작품에 〈등도(藤圖)〉, 〈모란도〉 등이 있다.

45| **임백년**(任伯年, 1840~1896): 청나라 말기의 해파 화가

46| **오우여**(吳友如, 약 1840~1893): 청나라 말기 해파 화가

47| **반천수**(潘天壽, 1897~1971): 중국 현대 화가. 자는 대이(大頤), 호는 서우저(壽者). 어린 시절 서화를 좋아하여 서첩이나 그림책을 모방하기 좋아하였다. 경형이(經亭頤), 이숙동(李叔同), 오창석(吳昌碩) 등의 지도를 받으며 자신의 회화 세계를 개척하였다. 개인적으로 서위(徐渭), 진순(陳淳), 석도(石濤), 팔대가(八大家)에 대하여 깊이 연구하였다.

48| **부포석**(傅抱石, 1904~1965): 중국 현대 화가. 창작과 이론 분야 모두에서 두각을 드러낸 중국 근현대 화단을 대표하는 중요한 인물이다. 그는 중국의 고유한 회화 전통과 일본 유학에서 얻은 신경향을 결합하여 그만의 독특한 예술 기풍을 창조하였다. 또한 전통 회화 연구와 열정적인 강의로 후학들에게 커다란 영향을 미쳤다.

제5장 • 현대 중국화

서양으로 유학을 떠난 화가

명 만력(萬歷) 29년(1601), 이탈리아 천주교 전도사 마테오리치(Matteo Ricci)[1]는 서구 회화 작품을 들고 중국에 들어왔다. 마테오리치가 명 신종에게 선사한 선물 중에는 유화로 그려진 예수상과 성모상 등이 있었다. 매우 자세하고 사실에 가깝게 그려진 서구의 회화는 중국 화가들에게 경이로움을 주었으나, 예술적 평가를 받거나 영향을 미치지는 못하였다. 청나라 말에는 초기 서구 유화를 잘 그렸던 유럽의 전도사가 중국으로 들어와 궁정에서 직책을 맡았다. 그중에서 유명한 사람으로는 이탈리아인 카스틸리오네(Giuseppe Castiglione)[2], 빤지(Joseph Panzi)[3], 프랑스인 아띠레(Jean-Denis Attiret)[4] 등이 있다. 이들은 중국 궁정 내 최초의 외국 국적 화가로, 황제의 명을 받아 여러 폭의 초상화를 그렸다. 건륭 홍력(洪歷)은 일찍이 궁중에 소년 하인을 선발하여 서양인에게 유화 기법을 배우도록 명령하였다. 현존 만주족 화가 오덕(五德)의 지본(紙本) 유채(油彩) 산수화가 바로 이 시기 중국 화가의 유화 작품이다. 1840년 아편전쟁 이후, 외국과의 교류가 빈번해지고, 서양의 종교 회화와 기타 상업적 회화가 더욱 많이 중국에 들어오게 되어, 서양 회화가 중국 회화에 미치는 영향이 비교적 뚜렷하게 나타나기 시작하였다. 하지만 서양의 회화 기법을 확실하게 익힌 중국 화가의 출현은 19세기 말이 되어서야 이루어졌다. 동치(同治)[5] 연간, 프랑스 예수회 전도사는 상해 서가회(徐家匯) 토산만(土山灣)에 고아원을 설립하고, 고아들에게 각종 기예를 전수하였다. 그중 도화관(圖畫館)이 서양 회화 기술을 전수하였는데, 고아들이 성장한 후 고아원을 떠날 때 유화 기법을 가지고 나가 사회에서 생활할 수 있도록 하기 위한 것이었다. 청나

카스틸리오네의 〈혜현황귀비상(慧賢皇貴妃像)〉(53.5×40.4cm) 유화(북경 고궁 박물관 소장)

라 말에서 중화민국 초에 상해에서 활약한 주상(周湘), 장율광(張聿光), 서영청(徐咏青) 등은 모두 토산만 고아원 도화관 출신이다. 이와 동시에 일부 중국 문인들은 유럽 각국에 가서 서구 화가의 그림을 자신의 눈으로 직접 보았다. 청나라 말, 영국, 프랑스, 이탈리아, 벨기에 등에 대사로 나갔던 설복성(薛福成)[6]은 1890년 파리에서 밀랍 인형관과 유화원을 참관한 후 『파리관유화기』를 편찬하였는데, 당시 광범위하게 읽혔다. 근대 사상가 강유위(康有爲)[7]도 『이탈리아 여행기』를 지어, 이탈리아 르네상스 회화에 매우 높은 평가를 부여하였다. 중국의 지식층은 이들의 아름다운 시문을 통해 처음으로 중국 전통 회화와는 완전히 다른 회화를 알게 되었다.

새로운 회화 양식에 대해 흥미가 생긴 중국 화가는 유화 인쇄품을 따라 그리는 것에서 시작하여 각종 대용 안료, 유화 물감을 사용해 중국 전통 기풍의 유화 작품을 제작하였다. 이러한 상황은 서양으로 나가 그림을 배운 청년들이 잇따라 귀국하기 전까지 변화되지 않았다. 가장 일찍 외국으로 유학을 간 광동 출신 화가 이철부(李鐵夫)[8]는 1887년에 미국으로 가서 서전(John-Singer Sargent)[9]에게서 유화를 배웠다. 최초로 일본으로 가서 그림을 배운 이숙동(李叔同)[10]은 1910년에 귀국, 천진(天津), 항주와 남경(南京)에서 미술 교학에 종사하였다. 그는 석고 모형과 인체 사생을 처음으로 제창하였으며 학교에서 서양화 연구회를 조직하였다.

장대천(張大千)의 〈유곡도(幽谷圖)〉(26.9×90cm). 1965년

1911년 신해혁명 이후, 외국으로 나가 그림을 배운 사람의 수가 점차 많아졌다. 이들은 주로 유럽, 미국과 일본으로 유학을 떠났다. 비교적 일찍 유럽과 미국에 가서 그림을 배운 사람으로는 이의사(李毅士), 풍강백(馮鋼百), 오법정(吳法鼎), 이초사(李超士), 방군벽(方君璧) 등

임풍면의 〈나체의 여인〉 유화. 1934년

이 있으며, 후발 주자로는 임풍면(林風眠)[11], 서비홍(徐悲鴻)[12], 반옥량(潘玉良), 주벽초(周碧初), 방훈금(龐薰琹)[13], 안문량(顔文梁)[14], 상서홍(常書鴻), 여사백(呂斯百), 오작인(吳作人), 당일화(唐一禾), 주방백(周方白), 오관중(吳冠中), 오대우(吳大羽), 조무극(趙無極), 주덕군(朱德群) 등이 있다. 중국 유학생이 유학했던 서구 화단에는 인상주의와 후기 인상주의가 이미 주류를 차지하고 있었다. 아카데미파 고전주의를 지지하는 사람도 있었지만 그 영향력은 미미하였다. 유럽으로 유학을 떠난 이의사, 오법정, 이초사, 서비홍, 안문량, 상서홍 등이 고전적 사실주의 미술을 추구하였다. 당시 일본의 미술계는 구로다 세이키(黑田淸輝)[15]로 대표되는 신진 화가들에 의해 인상주의의 예술 관념이 이미 받아들여졌다. 일본으로 가서 그림을 배운 유학생들에는 왕열지(王悅之), 진포일(陳抱一), 호근천(胡根天), 유기범(兪寄凡), 풍자개(豊子愷), 진지불(陳之佛), 부포석, 왕제원(王濟遠), 관량(關良), 허행지(許幸之), 예이덕(倪貽德), 위천림(衛天霖), 왕식곽(王式廓) 등이 있다. 일본은 프랑스처럼 깊은 유화 예술 전통을 가지고 있지 않았기 때문에, 재일 유학파들은 인상주의 이후 각 유파에 경도되었다. 유학생들은 귀국 후 일반적으로 미술 교학에 종사하며, 학교에서 각각 자신들의 예술 사상과 회화 기법을 전파하였다.

서비홍, 유해속(劉海粟)[16], 임풍면은 모두 일찍이 해외로 유학을 떠난 화가이자 미술 교육가이다. 이들은 걸출한 유화가이면서 20세기 중국 전통화 대가로 중국 현대 회화의 형성과 발전에 커다란 영향을 끼쳤다. 1912년 17세의 유해속은 상해에서 도화 미술원(圖畵美術院)을 창립하고, 1919년 상해 미술 전과 학교로 개명하였는데, 이는 중국 정규 미술 학교의 발단이 되었다. 1920년대에는 중국 제일의 국립 미술 학교인 북평 예술 전과 학교(北平藝術專科學校), 제일 고등 미술 학원(第一高等美術學院), 항주 국립 예술원(杭州國立藝術院) 및 남경 중앙 대학(南京中央大學) 예술과, 사립 소주 미술 전과 학교(私立蘇州美術專科學校) 등이 잇따라 설립되었다. 서비홍, 유해속, 임풍면, 안문량은 이들 학교의 교학을 주관하였는데, 이들의 서로 다른 예술적 취향에 따라 이들 학교도 각각 다른 화풍을 추구하였다.

서비홍의 〈피리 소리〉(48×35cm). 1926년

서비홍은 일찍이 파리 미술 학교에서 아카데미파 회화 훈련을 받은 사실주의 화가이다.

그는 탄탄한 소묘 기초와 빈틈없는 조형 기교로 존경받았는데, 객관적인 존재를 일차적으로 중시했고 현실 생활이 예술의 원천이라고 강조하였다. 그는 서구의 고전적 사실주의 예술 기교를 주장하는 동시에 전통 중국화를 개량하였다. 그는 중국 회화의 정감적인 요소를 자신의 유화 작품에 넣으려고 했으며, 이러한 노력은 그의 유화 작품에서 분명하게 드러난다. 시, 서, 화에 정통한 예술가 이숙동의 작품과 유사하게, 서비홍의 유화는 중국적 색채가 농후하다. 서양화의 기법을 운용했지만 이숙동, 서비홍은 결코 중국 전통 문인의 소양을 저버리지 않았다. 서비홍이 화선지와 수묵으로 창작한 중국화 〈우공이산(愚公移山)〉과 〈구방고(九方皐)〉를 보면, 실제 사람을 모델로 했고, 서구 아카데미파 예술의 영향을 크게 받았다. 이 두 그림은 문인화를 그리는 사람들에게도 커다란 울림을 주었다. 또한 그의 그림 〈분마도(奔馬圖)〉*도 비슷한 평가를 받았다. 당대 화가 한간 작품 속에 나타난 '야조백(夜照白)'과 달리, 서비홍의 말 그림은 길들여지지 않은 야성과 운동감이 생동감 있게 그려졌으며, 해부학적 기초에 바탕을 두고 표현되었다. 서비홍보다 한 살 아래인 유해속은 1930년대 프랑스로 유학을 떠났는데, 서구의 고전 예술 중 낭만 정신을 가진 화가와 후기 인상주의 회화에 심취하였다. 그는 티치아노(Tiziano Vecellio), 렘브란트(Rembrandt), 들라크루아(Delacroix), 고흐(Gogh)와 세잔(Cézanne) 등의 작품을 따라 그리는 데 열중했지만, 이후 예술 창작과 교학에서는 다른 유파의 그림도 포용하는 절충적인 태도를 보였다. 유럽에서 귀국 후 완성한 유해속의 회화 작품은 중국 유화사에서 걸작이라 일컬어지며, 노년에 그린 발묵(潑墨)과 발채화(潑彩畵)**는 자유로운 문인성정의 복귀에서 기인한 것이라기보다는 그가 가진 특유의 화풍에 대한 민감함과 시대의 전위를 자처하는 성격에서 비롯되었다. 성정이 온화한 임풍면은 일찍이 프랑스 디롱, 파리 미술 학교에서 그림을 배웠는데, 아카데미파 회화의 교육을 받았을 뿐 아니라 인상주의, 야

---

* 〈**奔馬圖**〉: 달리는 말 그림

** **潑彩畵**: 채색이 풍부하고 붓놀림이 풍부한 그림

수파의 예술적 영향도 흡수하였다. 그는 평생 회화에서 '중국과 서구의 조화'의 길을 찾아내고자 고민했으며, 그의 작품은 이러한 고민의 구체적으로 실험한 것으로 간주된다. 그의 중후기 회화는 거의 화선지에서 완성되었는데, 단순히 문인화 기법을 그대로 사용하지는 않았다. 색채와 형식이 항상 그림의 주제가 되었고, 서양화 요소가 작품에서 중요한 작용을 하고 있었다. 거의 모든 그림마다 그는 옛날 의상을 입은 시녀, 희곡 인물, 산수와 화조에 이르는 중국화의 형상적 요소를 사용하였다. 그 결과 중국 수묵과 서양화의 색조, 서법의 필선과 서양화의 형식감이 서로 섞이고 전환되며 조화를 이루었다.

혁명적 사실주의

1920~1930년대에는 공통의 예술적 취향을 가진 중국 화가들이 의기투합하여 각종 사단을 만들고 다양한 활동을 하였다. 1932년 방훈금 등이 상해에서 발기한 결란사(決瀾社)는 서양의 현대 회화를 추구하였다. 재일 유학생이 조직한 중화독립미술협회(中華獨立美術協會)는 초현실주의 회화를 선양하였다. 이들 활동은 상해에 편중되어 이루어졌는데, 활동 기간이 비교적 짧아 영향력 있는 예술 유파로 발전할 수 없었다. 1929년 초 제1기 전국 미술전 기간에 서비홍과 서지마(徐志摩)는 서구 현대 회화 평가와 관련하여 논쟁을 벌이며 각 미술 유파에 대해 상반된 견해를 드러냈다. 서비홍은 인상주의, 야수주의 화가들의 회화를 배척하면서 르누아르(Renoir), 세잔과 마티스(Matisse)의 작품을 '후렴무치한 작품'이라고 평가하였다. 서지마는 이들을 변호하며 이들 새로운 화가의 예술 지위와 작품의 가치를 역설하였다. 당시 유화 예술에 종사하던 화가들의 눈에는, 많은 화가들이 인상주의 이후 다른 화가들의 작품을 공부하려고 하였고, 상대적으로 서구 고전 유화를 공부하는 사람들은 적었으며, 서구 고전 유화 기교를 완

* **文以載道**: 문으로 도를 전한다.

전히 습득한 화가들은 드물다고 보았다. 1937년 중일전쟁 발발 후, 화가들은 회화를 무기삼아 항일구망(抗日救亡) 선전 활동에 참가하였다. 이러한 활동을 통해 각종 다른 예술적 견해를 가진 화가들은 사상 감정의 일치를 이루었으며, 전란으로 여기저기 이동해야 했던 생활은 그들로 하여금 일반 민중의 삶의 애환을 직접 체험하게 하였다. 또한 화가들이 국민당 통치 지역과 서북(西北), 서남(西南) 지역으로 들어감으로써 중국 유화 예술은 새로운 감정적 색채를 나타내고 새로운 예술을 위해 힘을 축적해갔다. 하지만 새로운 유파 그림은 전란에 의해 더는 발전하지 못하였다. 전쟁 전 새로운 유파에 속해 창작하던 화가들은 항전 중에 사실적 형식으로 선전 활동에 참가하였다. 서비홍은 일찍이 글에서 중국은 항전으로 사실주의가 대두되어, 새로운 유파의 그림이 소리 없이 자취를 감춘 것이 매우 '통쾌하다'라고 하였다. 중일전쟁 승리 후, 현대파 기풍의 회화가 다시 출현했는데, 1945년 임풍면, 예이덕, 관량, 이중생(李仲生), 욱풍(郁風), 조무극, 우연용(于衍庸) 등은 중경(重慶)에서 독립화회(獨立畵會) 첫 전람회를 가졌다. 하지만 새로운 유파의 부활은 여전히 짧았고 이들의 창작 활동은 1949년에 종결되었다. 비록 사실주의와 유가의 '문이재도(文以載道)*'에 기반을 둔 사상이 예술 영역에서 우위를 차지했지만, 혁명과 전쟁 시기 귀족화된 예술은 전통적인 문인화이든 서구적 의미의 고전주의 예술이든 시의에 적합하지 않은 것으로 보였다.

서비홍의 〈분치(奔馳)〉(95×68cm). 1939년(서비홍 기념관 소장)

제작이 간편하고 화면이 선명하며 복제가 편한 목판화는 사실상 1920년대에서 1940년대 중국에서 가장 대중적인 회화 형식이

서비홍의 〈전횡오백사(田橫五百士)〉(198×355cm) 유화. 1928~1930년(서비홍 기념관 소장)

었다. 20세기 중국의 위대한 문학가 노신(魯迅)[17]은 초기 현대 목판화를 적극적으로 제창하였다. 그의 영향 아래 가장 예술적 재능과 에너지가 충만한 젊은 예술가들이 당시 문화 예술 중심지였던 상해에 모여 신문화운동을 전개하였다. 노신이 존경했던 독일 표현주의 예술의 영향을 직접적으로 받은 결과, 1930년대 상해 예술가들이 창작한 판화는 매우 서구적인 기풍을 띠게 되었다. 특히 독일의 여류 화가 케테 콜비츠(Käthe Schmidt Kollwitz)[18]가 창작한 손발에 굳은살이 박인 절규하는 자의 형상은 격정과 분노로 가득한 중국 예술가들에게 국가와 민족의 경계선을 넘어선 세계의 무산 계급과 혁명 정신의 화신으로 받아들여졌다. 이화(李樺)[19], 강풍(江豊)[20], 황신파(黃新波)[21] 등의 초기 작품 속에는 표현 언어를 국제화하려는 의도가 뚜렷이 나타나 있다. 1932년 6월 2일 '미술가 좌익연맹(美術家左翼聯盟)의 일부 성원으로 구성된 '춘지미술연구소(春地美術研究所)'는 상해에서 판화 작품전을 열고 노신이 소장한 독일 판화도 함께 전시하였다.

1942년 중국공산당의 지도자 모택동(毛澤東)은 '연안문예강좌회'에서 모든 문학예술은 정치, 혁명전쟁과 공농병(工農兵)*에 복무해야 한

* **工農兵**: 노동자, 농민, 병사

유춘화(劉春華)의 〈모주석(毛主席), 안원(安源)에 가다〉, 1967년

다는 주장을 제출하며, 문학예술계는 당이 일정한 시기 내에 규정한 혁명 임무에 복종할 것을 명확히 요구하였다. 모택동의 연설은 큰영향력을 가지고, 여러 가지 매체를 통해 전국적으로 전파되었다. 항전 시기 기존 상해 좌익 목판 화가를 포함하여 대규모 진보 지식인들이 전국 각지에서 연안(延安)으로 몰려들었다. 혁명전쟁 시기, 중국화, 특히 필묵의 정취에 주력했던 문인화는 공농병에게 환영받지 못했다. 섬서, 감숙, 영하(寧夏) 변구(邊區)*의 어려운 환경 속에서 소수의 화가들만 유화 창작에 종사했고 대다수 화가들은 주로 목판화 형식을 통해 정치 선전물을 창작하였다. 노신의 판화에 대한 대대적인 소개, 서비홍이 추종한 사실주의 및 '소묘는 모든 조형 예술의 기초'라는 예술관은 모택동의 문예 사상에 부합하여 이후 예술 발전의 주류와 방향이 되었다. 판화는 거의 기존에 있었던 매체였지만 연안 예술가들은 대량의 성공 경험을 축적시켜, 특히 모택동이 제창한 '옛 것은 오늘을 위해 사용하며, 서구의 것은 중국을 위해 사용(古爲今用, 洋爲西用)'해야 한다는 취지를 체현하였다. 당시 창작된 목판화와 1930년대 상해 목판화를 서로 비교하면, 이 시기 작품이 더 능숙하게 민족성을 담아냈고 실제 생활에 더욱 접근하고 있음을 알 수 있다.

신중국 건립 초기, 화가들은 예술과 정치의 관계에 있어서 예술은 대중들의 생활을 심화해야 하고 공농병을 위해 복무해야 한다는 새로운 과제에 직면하였다. 모든 화가들은 예술의 면모를 조정하거나 변형하여 새로운 시대 임무에 부응하였다. 이 시기 회화 창작의 공통적인 특징은 이상적인 신생활 제재를 통속적 사실주의 수법으로 묘사한 것이다. 1950년대 유화 창작은 혁명의 역사와 사회주의 노동과 건설을 주로 반영하였다. 중국 정부는 유학생을 선발, 소련과 동유럽 사회주의 국가로 파견하여 미술을 배워오게 하는 동시에, 전 소련 화가와 루마니아 화가를 따로 북경, 항주의 국가급 미술 학교로 초청하여 가르치도록 하였다. 중국 학생들은 유화 기교를 열심히 배우는 것

* **邊區**: 공산당 통치 지역

홍승성의 〈대학 가기 전〉, 1970년대

외에 전 소련의 '사회주의 현실주의' 창작 방법 수용에도 주력하였다. 실제 결과를 놓고 볼 때, 혁명 시대 극단적인 예술적 주장이 일부 사람들이 인식하고 있는 것처럼 회화를 완전히 파괴한 것은 아니었다. 사왕 이래 문인화는 경직화되고 생명력이 결핍된 상황 속에서 계속 존속해갈 수 없었다. 이미 격변하는 중국 사회와 중국인에게 새로운 시각적 도상이 요구되었고 예술은 거기에 호응해야 했다. 사회주의 현실주의 예술은 국가 역량과 인민의 새로운 생활을 선전하는 데 자신의 역할을 성공적으로 담당하였다. 설사 전통적인 예술 형식을 사용했다고 하더라도 예술가는 민간 예술의 명쾌하고 낙천적이며 과장적인 기풍에 뚜렷한 영향을 받았다. '혁명적 현실주의와 혁명적 낭만주의의 결합'을 구현했다고 평가되는 예술 작품은 풍만하고 사실적이고 서정적이며 민족적 특색을 갖춘 새로운 도상으로 표현되었다.

전국을 휩쓴 문화대혁명(文化大革命)*은 이러한 신형 도상을 적극적으로 보급하였다. 1960년대 말부터 시작된 혁명적 제재를 내용으로 한 혁명 현대 경극 5편, 신편 발레극 2편과 교향 음악 1편은 이 시기 중국 예술 창작 양판희(樣板戲)**로 추대되었다. 이로써 직접적으로 대량의 양판희의 장면이나 배경을 닮은 미술 작품이 창작되었다. 이 시기 회화는 후대 비평가에 의해 '허위, 과장과 정치 종속'이라고 비판받았다. 하지만 회화가 예술의 한 범주에 속하는 것으로, 설사 예술가가 정치적 복무에 회화 창작을 종속했다고 할지라도, 예술 자체에 대한 도전은 그만둘 수 없는 것이다. 정치적 편견을 버리고 단순히 도상학 각도에서 본다면, '홍(紅), 광(光), 량(亮)'으로 형용되는 문화대혁명 미술은 새롭고 용맹스러운 시각 부호 체계의 구축을 의미하며, 사실주의 기교와 화면에 새로운 요구를 제시하고 있다. 이러한 현대성과 민족성이 결합된 특수한 도식은 '사회주의 현실주의' 회화의 중국적 양식으로, 문인화와 민간 회화 등 중국 전통 예술, 서구 고전과 현대 예술에서도 이러한 예를 찾을 수 없다. 이런 맥락에서, 이 시기 예술가가 보여준 예술성에 대한 탐색과 추구는 인정할 만하다.

다음 네 작품, 즉 동희문(董希文)의 유화 〈개국대전(開國大典)〉, 나공류(羅工柳)의 유화 〈지도전(地道戰)〉, 항좌전(亢佐田)의 중국화 〈붉은 태양은 만대에 비치리라(紅太陽光輝暖萬代)〉와 진연녕(陳衍寧)의 유화 〈모주석 광동의 농촌에 가다(毛主席視察廣東農村)〉 중에서 앞의 두 그림은 1950년대 작품이고, 뒤의 두 그림은 문화대혁명 기간인 1971년 작품이다. 첫 번째 〈개국대전〉은 신중국 건국일에 천안문 성루의 모습을

* **文化大革命**: 1966년에 중국에서 시작한 대규모 사상, 정치 투쟁의 성격을 띤 권력 투쟁. 모택동의 사망 후 1976년에 종결되었다.

** **樣板戲**: 통칭 '양판희 8편'

양지광(楊之光)의 〈광산(鑛山)의 신병(新兵)〉, 1970년대 초

재현하였다. 이를 그린 화가 동희문은 중국 최고의 유화가 중의 하나로, 돈황 벽화를 깊이 연구하였다. 이 초기 유화를 통해 이미 화가가 서양화의 사실주의 기교와 민족 예술의 상징적인 평도 색채를 결합시켰음을 알 수 있다. 두 번째 〈지도전〉에서는 농민이 항일전쟁 중에 보여준 지혜와 용감함을 표현하고 있다. 그는 연안 노신 예술 학원(延安魯迅藝術學院)의 중요한 화가로, 생활에 대한 깊은 이해를 가지고 인

물과 장면을 묘사하고 있다. 이 그림에서 화가는 연안 판화의 소박함과 힘에 근원을 두면서도 완숙한 경지의 서구 고전 회화의 기교를 보여준다. 세 번째 '회고사첨(懷古思甜)*' 주제는 현대 관객은 이해하기 어려운 면이 있다. 이 그림은 화선지, 묵, 채색 등의 전통 재료를 사용하여 그린 비문인화 전통의 중국화이다. 인물 형상에 힘이 있고 밝으며, 화가는 숙련되게 사물의 질감을 표현하고 새로운 사회를 상징하는 빛을 그렸다. 〈모주석 광동의 농촌에 가다〉에서는 일차적으로 지도자를 찬양하고 있지만, 당시 동경하던 '사회주의 신농촌', 특히 이상화된 중국 남방 농민을 형상했는데 지금까지도 보는 이의 심금을 울린다. 이러한 그림들을 세계 미술과 중국 전통 미술의 두 좌표 위에 놓고 보면, 다음과 같은 사실이 분명해진다. 특정한 역사적 시기 동안 중국 화가의 집체 창작은 대체할 수 없으며, 예술은 영원히 사회 구조의 한 부분의 역할을 하기 때문에 매 작품마다 문화, 사회 체제의 매개체이자 상징이라는 사실이다. 다른 한편, 각각의 예술 작품은 개인의 정신사로, 예술 작품이 일단 완성되면 구체적인 사실이나 시대적 환경은 이제 중요한 의미를 가지지 않는다. 이런 점에서 예술 작품의 예술사적 지위가 일반 역사에서 가지게 되는 사회적인 기능에 대해서는 토론해볼 가치가 있다.

현대(現代)와 후현대(後現代)

1978년 중국 공산당은 11회 3중전회(三中全會)**를 개최하였는데, 중국은 이 시기부터 '개혁 개방의 신시기'로 진입하였다. 중국의 지식인과 예술가는 지나온 시대를 돌아보며 갈망의 눈빛을 세계에 던졌다. 예술가들은 생애와 사상을 포함한 외국 예술가들의 자료를 굶주린 듯 수집했는데, 이 과정에서 나타난 열정은 앞선 문인 화가들이 그들 선배에 대한 흠모와 존경에 비할 수 있겠다.

* **懷古思甜**: 어려웠던 시절을 회고하면서 현재의 기쁨을 누린다.

** **三中全會**: 3차 중앙위원회 전체회의의 약칭으로, 1978년 12월 18일부터 22일까지 북경에서 열린 회의이다. 이 회의에서 처음으로 문혁과 중국 공산당의 좌경 노선을 비판하였다.

창작 방면에서 '신시기' 초기의 작품에는 시대의 흔적이 뚜렷하다. 젊은 화가들이 현대 예술에 대해 많은 흥미를 느낀다고 할지라도, 그들에게 익숙한 현실주의 방법으로 사회적 관심을 얻었다. 1980년대 초기 사천 미술 학원의 학생이 창작한 일련의 유화는 사회적으로 커다란 센세이션을 불러 일으켰다. 문화대혁명을 역사적 비극 장면으로 묘사한 이들의 작품은 비록 기교는 서툴렀지만, 대중에게 커다란 반향을 일으켰다. 이들의 그림은 19세기 러시아 순회 전람파 회화의 사실주의 수법과 문학화 서술 방식을 모방하였다. 고소화(高小華)의 〈모년 모월 모일, 눈〉은 수리코프(Vasilii Surikov)[22]가 그린 〈근위병 처형의 아침〉을 연상하게 하는데, 그림 속 재난의 주인공이 러시아 귀족에서 기만당한 중국 홍위병으로 바뀌었을 뿐이다. 나중립은 그의 대표작 〈부친〉에서 천안문 성루에 걸린 모택동 초상화와 같은 형식으로 노동자 초상을 그려 세상을 떠들썩하게 하였다. 이 작품은 독창적인 아이디어 때문에 커다란 성공을 거두었는데, 작가는 미국에서 유행한 포토리얼리즘 회화에서 시사를 받았다고 한다. 북경 중앙 미술 학원(中央美術學院) 진단청(陳丹青)의 〈서장조화(西藏組畫)〉는 더욱 많은 전문가들의 인정을 받았다. 진단청은 청소년 시기를 각종 서구 문화가 수용된 상해에서 보냈다. 그는 이 그림에서 프랑스 밀레(Millet), 쿠르베(Courbet)에 이르는 현실주의의 영향을 자신의 화폭에 옮겨왔으며, 동시에 최대한 티베트의 실지를 충실하게 스케치하는 등 기존의 중국 화가와 다른 방식으로 그림을 그렸다.

그 후 10여 년간 '새로움'은 가장 보편적인 화제가 되었다. 1970년대 서구 현대 예술은 이미 '사망'하여 그들이 가진 전위성과 독창성이 이제는 이슈가 되지 못했다. 하지만 중국 예술가들은 서구보다 뒤늦은 1980년대에 새로움의 기치를 내걸었고 그것을 엄청난 에너지로 발전시켰다. 예술 비평가 고명로(高名潞)는 1980년대 중국에서는 엘리트 예술이 필요했고, 엘리트 예술의 핵심은 독창적인 전위 예술을

이가염(李可染)[23]의 〈간산도(看山圖)〉(68.5×45.6cm), 1984년

임풍면의 〈황산(黃山)〉 유화, 1980년대

오관중의 〈강남의 봄(江南春)〉 (68×43cm), 1987년

가지고 있다며 전위 예술의 사회적 배경을 설명하였다. 그들은 짧은 기간 내에 새로운 장정을 떠났다. 그들은 서구에서 출현했던 모든 유파의 창작 방법을 모방하는 실험을 하였고, 뒤이어 확신을 가지고 자신의 문호를 열어갔다. 1985년을 전후로 현대 예술을 표방하는 전시회는 우후죽순으로 생겨났고, 모든 전시회에서 예술가들은 저마다의 현대주의 선언을 발표하였다. 1985년을 전후로 한 중국 현대 예술가들은 돈으로 좌지우지하려는 중산층을 만나지 않았고, 서구 엘리트처럼 상아탑에 들어갈 필요가 없었기 때문에 예술적으로 순수성을 유지할 수 있었다는 점에서 서구 현대주의자와 다른 차별성을 보였다. 1989년 북경에서 열린 첫 중국 예술 전람회에는 냉소적인 분위기는 없었다. 설사 황당한 예술가는 있었을지라도 그들의 담화 속에서도 '책임감'과 '사명감'이 자주 언급되었다. 그들은 이상주의자의 태도로 파괴와 중건의 변증법적 관계를 묘사하고자 하였다.

나중립의 〈부친(父親)〉. 유화(222×115cm). 1980년(중국 미술관 소장)

중국의 경제 개혁과 개방 정책이 성공을 거두면서 따라 많은 중국 화가들은 국제적 예술 시장의 유혹을 받게 되었다. 그들은 급진적인 관념적 예술가와 행위 예술가와 달리 현실과 타협하며 전통 회화 재료를 사용하여 창작하였다. 진정한 중국 당대 예술은 선언과 구호에 의해 실현되는 것이 아님을 자각하고 있었다고 할 수 있다. 대다수 예술가들은 전위 예술로 사회를 계몽하고 영향력을 미치려는 이상을 버리고 시장에 영합하였다. 그렇지만 중국 예술가들은 서구와 다른 전위 개념으로 중국 현대 예술을 창조하기 위해 중국과 서구, 당대와 전통, 엘리트 문화와 대중문화 사이에서 균형을 찾으려는 노력을 계속하고 있다.

1| **마테오리치**(Matteo Ricci, 1552~1610): 이탈리아의 예수회 선교사. 중국 이름은 이마두(利瑪竇). 명나라 만력제(萬曆帝)로부터 북경 정주를 허가받고, 중국에 가톨릭 포교의 기초를 쌓았다. 『기하학원본』, 『곤여 만국 전도』 등의 서양 학술을 소개하였다.

2| **카스틸리오네**(Giuseppe Castiglione, 1688~1766): 이탈리아의 화가이자 선교사. 전도를 위하여 중국에 가서 중국의 회화, 건축 기법을 배워 유럽에 전하였다. 작품에 〈백준도(百駿圖)〉 등이 있다.

3| **빤지**(Joseph Panzi, 1733~1812): 중국 이름은 반정장(潘廷璋). 이탈리아 출신 예수회 회원이며 청나라 말기의 궁정 화가이다.

4| **아띠레**(Jean-Denis Attiret, 1702~1768): 중국 이름은 왕치성(王致誠). 프랑스 출신으로 청나라 말기의 궁정 화가이다.

5| **동치**(同治, 1856~1874): 청나라 제10대 황제(1862~1874 재위). 서태후의 친아들이다. 6세에 즉위하였으나 실제 정치에 관여하지 못하고 18세 때 천연두로 사망하였다.

6| **설복성**(薛福成, 1838~1894): 청나라 말기의 유명한 외교가이자 정치가. 유신파(維新派)의 대표적 인물 가운데 한 사람으로, 영국, 프랑스, 이탈리아, 벨기에 등지의 공사(公使)를 지냈고, 『주양추의(籌洋芻議)』를 저술하여 변법유신을 주장하였다.

7| **강유위**(康有爲, 1858~1927): 청나라 말, 중화민국 초의 정치가이자 학자. 열강의 중국 침략에 맞섰으며, 광서제를 옹립하여 개혁을 계획하였으나 서태후를 비롯한 보수파에 밀려 실패하였다.

8| **이철부**(李鐵夫, 1869~1952): 중국 현대 화가. 본명은 옥전(玉田)이며 광동 사람이다. 중국 최초로 서양화를 배운 인물이다.

9| **서전**(John-Singer Sargent, 1856~1925): 피렌체 태생의 미국 화가. 초상화, 특히 여인화를 우아하게 그렸고 보스턴의 미술관, 도서관에 벽화를 그렸다.

10| **이숙동**(李叔同, 1880~1942): 중국 현대 화가이자 중국 근대 문화 예술가. 천진의 문벌 집안 출신으로 어려서부터 전통 문화에 대해 깊이 연구하고 이후 일본으로 건너가 미술 공부를 했으며 음악, 시가, 서법, 공연 등 다양한 장르의 예술에 조예가 깊었다. 그러나 이후 불교에 귀의해 불교 계율 연구에 힘썼다.

11| **임풍면**(林風眠, 1900~1990): 중국 현대 화가. 서양화에 대한 이해를 바탕으로 수묵화를 현대적으로 해석했다는 평가를 받았다.

12| **서비홍**(徐悲鴻, 1895~1953): 중국 현대 화가. 절강성(浙江省) 출생. 1917년 일본에 유학하고, 1918년 북경 대학교의 화법 연구회 강사로 있다가 공덕 학원(孔德學院)의 교수가 되었다. 1919년 채원배의 추천을 받아 파리에 유학해서 거장들의 미술을 모사하였다. 1927년 귀국한 후 1929년에는 남경(南京) 국립 중앙 대학의 예술계 주임 교수가 되었으며 1930년 이후 유럽 각지에서 중국 근대화전을 개최하고, 1934년 소련을 방문, 1949년 중국의 중앙 미술원 원장이 되었다. 주요 작품에 〈우공이산(愚公移山)〉, 〈전횡오백사(田橫五百士)〉 등이 있다. 미술 교육에서 소묘를 모든 예술의 기초로 삼은 사실주의자로, 정확한 소묘에 기반을 둔 말 그림이 특히 유명하다.

13| **방훈금**(龐薰琴, 1906~1985): 중국 현대 화가. 1930년대 현대적인 회화 관념과 독창적인 표현이 특징적이다.

14| **안문량**(顔文梁, 1893~1988): 중국 현대 화가. 미술의 실용적 기능을 강조하여 미술 교육과 산업 간의 밀접한 결합을 강조하였다.

15| **구로다 세이키**(黑田淸輝, 1866~1924): 일본의 화가이자 교육자. 일본에 서양의 미술 이론을 처음으로 소개하였으며, 20세기 초의 일본 회화와 19세기 후반 요가 운동의 선구자 역할을 하였다.

16| **유해속**(劉海粟, 1896~1994): 중국 현대 화가. 1912년 불과 17세의 나이로 상해 미술 전문 학교를 설립하여 교장이 되었다. 1916년 이 학교의 미술 전람회에 처음으로 누드화를 출품, 사회적인 반향을 일으켰다. 1919년 파리에서 전람회를 열고, 1920년 북경 대학 및 고등 사범 학교의 교수가 되었다. 서양화의 사생 정신을 바탕으로 중국화의 혁신에 종사하였다. 서비홍과 어깨를 나란히 하는 현대 중국의 대표 화가이다.

17| **노신**(魯迅, 1881~1936): 20세기 중국 문학의 거장. 본명은 주수인(周樹人), 자는 예재(豫才). 일본에 유학하여 의학을 배우다가 문학으로 전향하였다. 그는 국민성을 개조하는 수단으로 문학을 선택하였으며, 1918년 단편 소설 『광인일기(狂人日記)』를 계기로 작가 생활을 본격적으로 시작하게 되었다. 이후 1921년 『아Q정전(阿Q正傳)』을 발표하여 작가로서 지위를 확립하였다. 그는 소설 창작과 함께 잡감문을 창작하여 날카로운 풍자와 격렬한 공격을 통해 전근대적인 병든 사회의 여러 가지 측면을 비판, 공격하였다.

18| **케테 콜비츠**(Käthe Schmidt Kollwitz, 1867~1945): 독일의 화가. 독일 프롤레타리아 회화의 선구자로, 노동자의 비참한 생활을 판화와 스케치로 표현하였다. 작품에 〈농경 전쟁〉 등이 있다.

19| **이화**(李樺, 1907~1995): 중국 현대 목판 화가. 노신이 주도한 목각운동(木刻運動)에 영향을 받고 목판화를 시작, 1934년부터 동교에 현대 판화 연구회를 조직하였고 특히 항전 시기 본격적으로 목각운동을 추진하였다

20| **강풍**(江豊, 1910~1982): 중국 현대 화가. 판화 운동과 미술 이론, 미술 교육에 종사하였다. 그는 노신이 개최한 목판화 강습소에 참가하여 목판화운동을 본격적으로 시작하여, 중국 신흥 판화 예술의 개척자 가운데 한 사람이다.

21| **황신파**(黃新波, 1916~1980): 중국 현대 목판 화가. 어려서부터 진보적인 문예 활동에 참가했으며 1933년 상해에서 판화를 배우기 시작한 후 진보적인 미술 활동에 종사하였다. 그는 알레고리와 상징적인 수법을 가지고 사회를 표현한 것으로 유명하다.

22| **수리코프**(Vasilii Surikov, 1848~1916): 제정 러시아의 화가. 리얼리즘을 지향한 진보적 그룹인 이동파의 중심인물로, 역사를 소재로 한 그림을 주로 그렸다. 작품에 〈근위병 처형의 아침〉이 있다.

23| **이가염**(李可染, 1907~1989): 중국 현대 화가. 그는 상해 미술 학교에서 중국화를, 항주 서호 국립 예술원에서 서양화를 공부하였다. 이후 제백석(齊白石), 황빈홍(黃賓虹)에게서도 전통 필묵법을 사사받아 독특한 필묵의 세계를 만들어갔다.

◉ 중국 회화예술 주요 작품 연표

시대	주요 작품
B.C. 5000~B.C. 3000년	앙소 문화(仰韶文化)
B.C. 3000~B.C. 2000년	마가요 문화(馬家窯文化)
B.C. 2300~B.C. 500년	대문구 문화(大汶口文化)
B.C. 475~B.C. 221년	1949년 호남 장사 진가대산 묘혈에서 발굴된 〈용봉인물도(龍鳳人物圖)〉
B.C. 165년	장사(長沙) 마왕퇴(馬王堆) 한묘(漢墓)에서 출토
3세기경 전후	신강(新疆) 삼선동(三仙洞) 석굴 건설 개시
364년	고개지(顧愷之), 와관사(瓦官寺)에 유마힐상(維摩詰像) 벽화 그림
366년	돈황(敦煌) 막고굴(莫高窟) 건설 개시
405년경	고개지(顧愷之), 〈여사잠도(女史箴圖)〉
6세기	전자건(展子虔, 약 533~603), 〈유춘도(游春圖)〉
550~577년	조중달(曹仲達) 양식
7세기	염립본(閻立本), 〈역대제왕도(歷代帝王圖)〉
641년	염립본, 〈보련도(步輦圖)〉
7~8세기	이사훈(李思訓, 651~718), 〈강범누각도(江帆樓閣圖)〉
8세기	장훤(張萱), 〈괵국부인유춘도(虢國婦人游春圖)〉
	주방(周昉), 〈휘선사녀도(揮扇仕女圖)〉
	한간(韓幹, 701~761), 〈야조백도(夜照白圖)〉
	한황(韓滉, 723~787), 〈오우도(五牛圖)〉
	이소도(李昭道), 〈춘산행려도(春山行旅圖)〉
	오도자(吳道子), 〈천왕송자도(天王送子圖)〉
742~756년	오도자, 칙령을 받고 촉도(蜀道)의 산천을 하루만에 그려냄
9세기	장언원(張彦遠, 약 815~875), 『역대명화기(歷代名畵記)』 저술
10세기	형호(荊浩), 〈광려도(匡廬圖)〉
	관동(關仝), 〈관산행려도(關山行旅圖)〉
	동원(董源), 〈하경산구대도도(夏景山口待渡圖)〉
	거연(巨然), 〈추산문도도(秋山問道圖)〉
	이당(李唐), 〈만학송풍도(萬壑松風圖)〉
11세기	문동(文同), 묵죽화
11~12세기	미불(米芾), 〈춘산서송도(春山瑞松圖)〉
12세기	장택단(張擇端), 〈청명상하도(淸明上河圖)〉
북송 시기	곽희(郭熙), 〈조춘도(早春圖)〉, 〈과석평원도(窠石平遠圖)〉
	범관(范寬), 〈계산행려도(溪山行旅圖)〉

12~13세기	조맹부(趙孟頫, 1254~1322), 〈작화추색도(鵲華秋色圖)〉
13~14세기	황공망(黃公望, 1269~1354), 〈구봉설제도(九峰雪霽圖)〉
14세기	왕몽(王蒙, 1301~1385), 〈하일산거도(夏日山居圖)〉
	예찬(倪瓚, 약 1306~1374), 〈어장추제도(漁庄秋霽圖)〉
15~16세기	심주(沈周, 1427~1509), 〈산수도(山水圖)〉
16세기	서위(徐渭, 1521~1593), 〈묵포도도(墨葡萄圖)〉
16~17세기	동기창(董其昌), 〈남용사천색도(嵐容四川色圖)〉
17~18세기	팔대산인(八大山人, 1626~1705), 〈고사어조도(枯槎魚鳥圖)〉
18세기	석도(石濤, 1642~1707), 〈수진기봉타초고도(搜盡奇峰打草稿圖)〉
	금농(金農, 1687~1764), 〈채릉도(采菱圖)〉
	정섭(鄭燮, 1693~1765)
근현대(청말~1949년 이전)	황빈홍(黃賓虹, 1864~1955), 〈촉강주중소견(蜀江舟中所見)〉
	임백년(任伯年, 1840~1895), 〈사녀도(仕女圖)〉, 〈고옹지상(高邕之像)〉
	오창석(吳昌碩, 1844~1927), 〈매화포석(梅花蒲石)〉
	제백석(齊白石, 1863~1957), 〈부도옹(不倒翁)〉, 〈청정희수도(蜻蜓戲水圖)〉
	부포석(傅抱石, 1904~1965), 〈강산여차다교(江山如此多嬌)〉, 〈월락명제상만천(月落鳴啼霜滿天)〉
	반천수(潘天壽, 1897~1971), 〈무한풍광도(無限風光圖)〉, 〈송석매월도(松石梅月圖)〉
	임풍면(林風眠, 1900~1990), 〈나체의 여인〉, 〈황산(黃山)〉
	서비홍(徐悲鴻, 1895~1953), 〈피리 소리〉, 〈분치(奔馳)〉, 〈전횡오백사(田橫五百士)〉
당대(1949년 이후)	양지광(楊之光), 〈광산(鑛山)의 신병(新兵)〉
	고소화(高小華), 〈모년 모월 모일, 눈〉
	이가염(李可染, 1907~1989), 〈간산도(看山圖)〉
	오관중(吳冠中), 〈강남의 봄(江南春)〉
	1967년 유춘화(劉春華), 〈모주석(毛主席), 안원(安源)에 가다〉
	1980년 나중립(羅中立), 〈부친(父親)〉

중국문화 11 회화예술

초판 1쇄 인쇄 2008년 9월 5일
초판 1쇄 발행 2008년 9월 10일
지은이 린츠
옮긴이 배연희
펴낸이 김호석
펴낸곳 도서출판 대가
등록 제 311-47호
주소 서울시 마포구 상수동 6-1 대한실업빌딩 301호
전화 (02) 305-0210/306-0210
팩스 (02) 305-0224
전자우편 dga1023@hanmail.net
홈페이지 www.bookdaega.com
디자인 · 편집 f205
교정교열 윤원영
인쇄 서강총업
용지 큐페이퍼
제본 다인바인텍

가격 17,000원

ISBN 978-89-90999-92-4 04910
ISBN 978-89-90999-79-5 04910(세트)

이 도서의 국립중앙박물관 출판시도서목록(CIP)은
e-CIP(http://www.nl.go.kr/cip.php)에서
이용하실 수 있습니다.
(CIP제어번호: 2008002619)